Christmas cooking

Rezepte und Geschichten aus aller Welt

FONA

Die englische Orignalausgabe erschien unter dem Titel
«Festive Foods: Christmas cooking around the word» bei Hanne Kruse
First published in the UK in 2002 by New Internationalist Publications
Ltd. Oxford, England

Übersetzt aus dem Englischen: Jöelle Hoffmann-Rebetez, Arlesheim
Gestaltung Umschlag: Dora Eichenberger-Hirter, Birrwil
Gestaltung Inhalt: Dora Eichenberger-Hirter, Birrwil
Foto Seite 44: Congress- und Tourismuszentrale Nürnberg
Printed in Germany
ISBN 3-03780-156-5

Inhaltsverzeichnis

Asien

Australien und Ozeanien

Nordamerika

Zentral- und Südamerika

Als ein Mann eines Tages einen Besuch im Paradies und in der Hölle abstattete, war er überrascht über das, was er zu Gesicht bekam. Im Paradies sah er viele Menschen an Tischen sitzen, die sich unter der Last der reichhaltigen Speisen bogen. Und auch in der Hölle saßen viele Menschen an Tischen, die mit Nahrung überhäuft waren.

An beiden Orten mussten Löffel mit langen Stielen benutzt werden. Im Paradies wie in der Hölle war es unmöglich, das aufgetischte Essen mit den langstieligen Löffeln zum Mund zu führen. Aber im Paradies vergnügten sich die Speisenden und waren wohlgenährt, währenddem in der Hölle die Leute hungrig und mager aussahen. Denn im Paradies setzten sich die Menschen einander gegenüber und fütterten sich gegenseitig. Im Paradies wurde geteilt, während man in der Hölle aus Egoismus hungerte.

In nahezu allen Ländern, über die in diesem Weihnachtsrezeptbuch berichtet wird, ist die Weihnachtszeit eine Zeit des Teilens, des Denkens an jene, die weniger vom Glück begünstigt sind als wir, in Ländern, die weniger reich sind. In dieser Zeit erinnern wir uns, dass wir eine Familie sind, Gottes Familie, die Familie der Menschheit. Wäre es nicht wunderbar, wenn die weihnachtlichen Gefühle und Gesten der Großzügigkeit an jedem Tag des Jahres anhielten? Dann könnte überall auf dem Planeten Frieden herrschen statt der Konflikte und des Terrorismus, die leider immer alltäglicher werden. Dann hätten wir das Paradies auf Erden und nicht die Hölle. Gott segne euch.

Desmond M. Tutu,
Erzbischof im Ruhestand
Kapstadt, Südafrika

Mit Weihnachtslichtern beleuchtete Kieferknochen eines Grönlandwals in Barrow, Alaska

Mein Name ist Hanne Kruse, und ich lebe in Dänemark. Ich bin Grafikerin und arbeite als Herausgeberin und Konzeptentwicklerin mit Spezialisierung im Bereich Zeitschriften und Bücher für Beruf und Freizeit. Ich bin viel in der Welt herumgereist und möchte mein Interesse und meine Freude an all den fremden Kulturen, die meinem Leben die Würze geben, vermitteln.

Als mir die Idee zu diesem Buch kam, war es für mich klar, dass ich den Fotografen Peter Kam, der in Dänemark für seine «schmackhaften» kulinarischen Fotos bekannt ist, um seine Mitarbeit bitten würde. Seine Arbeit ist geprägt von einem außerordentlichen Sinn für Ästhetik und Perfektionismus, der nur durch eine seltene Kombination von Fähigkeit, Geduld und, nicht zu vergessen, Freude an der Arbeit mit visuellen Medien möglich ist. 1994 verlieh die Danish Gastronomic Academy Peter Kam ehrenhalber ein Diplom als Anerkennung für seinen Beitrag an die Gastronomie.

Die Zusammenarbeit mit all den Menschen und Organisationen, die dieses Buch ermöglicht haben, hat mir große Freude bereitet. Vielen Dank! Danke auch an Sie, liebe Leserinnen und Leser, für die jetzt die Weihnachtsreise um die Welt beginnt.

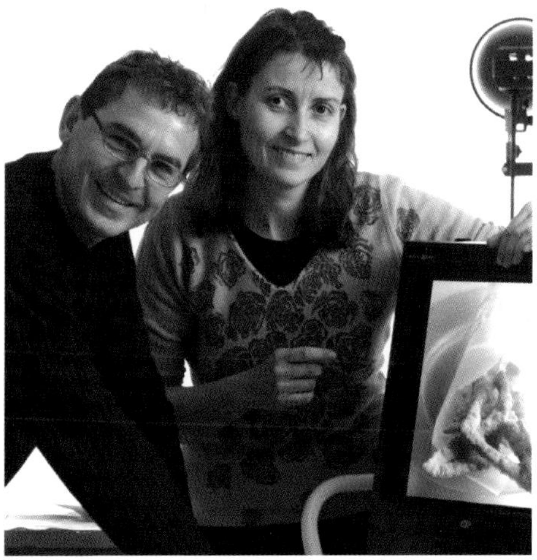

CHRISTMAS COOKING AROUND THE WORLD

Vor ein paar Jahren weilte ich während der Weihnachtszeit in Penang, Malaysia. Die Insel ist ein spannender Ort, kulturell vielfältig und voller Leben. In der stickigen Hitze die Penang Road hinunterzugehen war eine Offenbarung: Rote und goldene Stoffstreifen, die wie Fähnchen über die Straße gespannt waren, jedes mit einem Buchstaben beschriftet, um die Wörter «Season's Greetings» zu bilden. Die Gerüche von Laksa-Suppe und frittierten Nudeln, der Geschmack von frisch gepresstem und mit Eiswürfeln gekühltem Zuckerrohrsaft, Menschen, die an den Ständen mit Feilschen beschäftigt waren, einander zurufend. Die Sonne, die die knalligen Rosa- und Blautöne der zu verkaufenden Plastikspielwaren noch um ein paar Grad erhöhte, im Hintergrund die unüberhörbare Melodie von Boney M, die ihr Feliz Navidad plärrten.

Den Weihnachtstag verbrachten wir am Strand mit unseren malaysischen, indischen und chinesischen Kollegen. Ein paar Tage später, als wir Eid al-Fitr, das Ende des Ramadans, feierten, besuchten wir muslimische Freunde, welche an Weihnachten bei uns zum Tee gewesen waren. Und dann war da auch noch Thaipusam, ein indisches Fest, im Verlauf dessen sich der Wagen des Lord Subramaniam zu einem Chettiar-Tempel begibt, als Symbol für Lord Subramaniams Triumph über das Böse. Pilger mit ihren Kavadis, einer Art Tragjoch, das meistens mit Haken tief im Fleisch befestigt wird, kamen von überall her. Sie tanzten und wirbelten mit ihren Anhängern in einer Wolke von Weihrauch zur Musik, die aus den entlang der Straße angebrachten Lautsprechern kreischte; sie hielten nur ab und zu, um sich an einem wackeligen Stand am Straßenrand ein erfrischendes Getränk zu gönnen. Wir schlossen uns den indischen Zuschauern an, die Kokosnüsse vor den Wagen auf der Straße zerschlugen, damit es ihnen Glück bringe. Das Gleiche taten auch viele Chinesen in der Menge. Wir alle suchten das Glück; wir nahmen alle gegenseitig an unseren Feierlichkeiten teil.

Und selbstverständlich war schon wenige Wochen später die ganze Penang Road wieder beflaggt. Es klang nach Löwentänzen und Knallkörpern: chinesisches Neujahr. Wir genossen ein großartiges Festessen bei Mr. Lim und tauschten kleine rote sowie goldene Briefumschläge, die Geld enthielten.

Man kann der Ansicht sein, bei dieser lang andauernden Festlichkeit in jener Mischung von malaysischen, chinesischen und indischen Einflüssen, die Malaysia ausmacht, habe die Religion nur wenig zu bedeuten. Vielleicht trifft dies zu, denn wer weiß schon, was jeder Einzelne denkt oder glaubt? Es kam jedoch klar zum Ausdruck, wie vergnügt sich die Menschen inmitten von soviel Vielfalt integrieren und amüsieren können.

Das Essen ist ein gutes Beispiel. Es ist interessant zu sehen, wie viele Zutaten, die wir als regional oder traditionell betrachteten, eigentlich von ganz anderswo stammen. Der Mais etwa, der in Afrika schon lange ein Hauptnahrungsmittel ist, kam aus Amerika, wie auch der Truthahn, der so oft der Hauptgang eines Weihnachtsessens ist. In der Karibik und in anderen lateinamerikanischen Ländern isst man zu Weihnachten oft eine Fleischpastete, die sich Pastel nennt. Dieses Gericht stammt wohl aus Spanien, wurde aber dort von den Arabern hinterlassen, die Spanien im 8. Jahrhundert erobert hatten. Viele typische Weihnachtsgerichte, wie zum Beispiel Christmas Pudding und Mince Pie, enthalten gedörrte Früchte, die ursprünglich aus nahöstlichen Gegenden stammten, und Gewürze, die aus dem heutigen Indonesien zu uns gelangten.

Das Buch von Hanne Kruse mit Weihnachtsrezepten aus aller Welt, baut auf der Überzeugung auf, dass Unterschiede das Leben sehr wohl bereichern können. Wie mir mein Erlebnis in Malaysia gezeigt hat, existiert Weihnachten nicht nur für Christen.

Tatsächlich ist die Festzeit fast unvermeidlich. Nahezu ein Drittel der Weltbevölkerung – zwei Milliarden Menschen – sind Christen, was das Christentum zur größten Religion macht. Aber Zahlen können trügerisch sein; niemand weiß mit Bestimmtheit, welches die genaue Anzahl der Christen ist. Der Grund für die Allgegenwärtigkeit des Christentums liegt nicht nur, aber auch im evangelischen Glaubenseifer der frühen Anhänger. Sie begann mit der Ausbreitung der Europäer im 15. Jahrhundert, mit der Suche nach Gold, Gewürzen und zu bekehrenden und zu versklavenden Seelen. Es war das Jahrhundert, als Papst Nikolaus V. die Ermächtigung gab, «anzugreifen und die Sarazenen, die Ungläubigen und alle anderen Feinde Christi südlich vom Kap Bojador (an der afrikanischen Westküste) inklusive die ganze Küste von Guinea der immer währenden Sklaverei zu unterwerfen». Die frühen Eroberungen setzten sich fort in mehr oder weniger anhaltender europäischer kolonialistischer Präsenz in den meisten Ländern der südlichen Halbkugel, von den Philippinen bis nach Peru.

Da das Christentum eine der größten Religionen dieser Welt ist, erstaunt es auch nicht, dass Weihnachten weit umher gefeiert wird. Und da es die dominante Religion im Westen ist, wo das Konsumdenken grenzenlos scheint, ist Weihnachten die größte religiöse Festzeit im Jahreslauf. Eine, an der sich auch viele Menschen weltliche Freuden gönnen, die sich nicht Christen nennen. Menschen lieben Anlässe, an denen sie sich treffen und feiern können. Wenn sie die Feierlichkeiten dann auch noch gemeinsam begehen können, um so besser. In einer sich globalisierenden Welt, wo man immer mehr über andere Kulturen und Traditionen weiß, vervielfachen sich die Gelegenheiten zum Feiern.

Doch wo begann es mit all diesen Feierlichkeiten und dem exzessiven Genießen, das wir heute als Weihnachten kennen? Mit Sicherheit nicht mit Christi Geburt. Viele Bräuche, die mit den heutigen Feierlichkeiten in Verbindung gebracht werden, sind heidnischer Herkunft. In den nördlichen Ländern war der Winter eine kalte und Furcht erregende Zeit. Die Sonne nahm ab und spendete ihr Licht und ihre Wärme jeden Tag für immer kürzere Zeit. Sie schien ihre Kraft und ihre Stärke zu verlieren, und eines war klar: Ohne sie würde die Menschheit untergehen. Am kürzesten Tag des Jahres, nach früherer Zeitrechnung etwa dem 25. Dezember, beteten die Menschen zu wem oder was auch immer für die Rückkehr der Sonne.

Die vorchristlichen Römer widmeten in der Mitte des Winters Saturn, dem Gott aller wachsenden Dinge, ein Fest, die Saturnalien. Als Zeichen ihres Glaubens an die Macht des Gottes, die es zu stärken galt, und um die Sonne zurückzubringen, brachten die Menschen Pflanzen in ihre Häuser, die nicht nur den Winter überdauerten, sondern auch Beeren trugen: Stechpalme, Efeu, Misteln. Misteln waren im Altertum heilig, Druidenpriester benutzten sie für ihre Opferrituale. Für die Kelten besaßen die Misteln heilende Kräfte, für andere brachten sie Glück. Kein Wunder also, dass sie zu einem Teil des allgemeinen Weihnachtsbrauchtums wurden. Der Weihnachtsbaum scheint schon eher mit dem Christentum zusammenzuhängen, wiewohl die Tatsache, dass es sich um eine immergrüne Pflanze handelt, darauf hindeuten könnte, dass er von den Saturnalien her stammt.

Im Römischen Reich wurden die Christen über mehrere Jahrhunderte verfolgt, bevor im 4. Jahrhundert Kaiser Konstantin diese Religion annahm. Für die frühen Anhänger des Christentums war die Verkündung der Geburt Christi eine gefährliche Angelegenheit. Wahrscheinlich nahmen sie deswegen am Wintersonnenwendefest der Saturnalien teil und sagten dabei heimlich ein paar Gebete auf. Aber auch sie erhofften sich die Erneuerung und Stärkung der Sonne – gleichzeitig aber auch des Sohnes Gottes.

Die Verfolgung der frühen Christen erinnert in trauriger Weise an die Schattenseiten vieler institutionalisierter Religionen. Die sonnenverehrenden Azteken und die Maya in Zentralamerika schreckten nicht vor Menschenopfern zurück, um ihre Götter zu beruhigen. Muslime und Christen lieferten sich brutale Kriege während des Dschihads und der Kreuzzüge. Missionare und auch Soldaten metzelten im Namen des christlichen Gottes in Lateinamerika Tausende Indianer nieder. Katholiken und Protestanten ermorden einander in Nordirland. Juden und Muslime kämpfen im Nahen Osten. Was ist mit der Verständigungsbereitschaft und der Friedensbotschaft geschehen?

Wenn es auch nicht so aussehen mag, es gibt viele Ähnlichkeiten zwischen den verschiedenen Religionen: Muslime und Juden teilen manche Speisevorschrift; Teile des Gottesdienstes eines Glaubens können durchaus in einem anderen wiedererkennbar sein. Und da so viele Menschen an eine höhere, Liebe und Güte fördernde, Macht und an das Gute im Menschen glauben, könnte man meinen, es sei das Einfachste, die an alle gerichtete Ermahnung zu Frieden und Verständigungsbereitschaft zu befolgen.

Umso seltsamer ist es, dass Religion (im Unterschied zum Glauben) das Schlechteste in so vielen von uns herauszubringen imstande ist. Jemand kann ein «guter» Sikh, Muslim oder Christ und doch in der Lage sein, Menschen, die in irgendeiner Form anders sind – seien sie Ungläubige, in ihrem Glauben Irregeleitete oder Symbolfiguren für Dekadenz – zu terrorisieren.

Die Weihnachtszeit, vor allem in ihren säkularen Erscheinungsformen der Freundschaft und der Schlemmerei, kann eine heilende Zeit sein. So greifen in dieser Zeit etwa viele Menschen tief in ihre Taschen, um im Gedenken an die Suche der heiligen Familie nach Unterkunft Obdachlosen behilflich zu sein. Menschen wollen anderen helfen, auch wenn ihre eigenen Verhältnisse nicht die besten sind. Einige mögen sich daran erinnern, wie das

Lied «Do they know it's Christmas?» der Wohltätigkeitsorganisation BandAid in den 80er Jahren zu einem Hit wurde und den Wunsch der Menschen bezeugte, anderen möge in einer Zeit von welt weit starkem Rückgang staatlicher Leistungen geholfen werden.

Leider sind sowohl in der westlichen als auch in der Dritten Welt viele Menschen zu arm, um große Feiern zu veranstalten. Mit ihrem wenigen Geld sind sie von den glanzvollen Einkaufszentren der Großstädte ausgeschlossen. Wenn Weihnachten nur noch Materialismus bedeutet, bleiben jenen, die nichts besitzen, wenige Möglichkeiten. Gute Laune und Wärme dieser Festzeit sollte in dauerhafte religiöse Toleranz, politischen Willen und wirtschafts-politische Maßnahmen umgeleitet werden, damit alle Menschen einbezogen werden können.

Mit Eid al-Fitr am Ende des islamischen Fastenmonats Ramadan, dem Lichterfest Diwali der Hindus und dem chinesischen Neujahr ist Weihnachten eines der großen religiösen Feste der Welt. Und wenn man es zu sehen bereit ist, gibt es viel mehr, was uns zusammenbringt als was uns trennt. Vielleicht müssen gerade deshalb viele Menschen so viel Aufhebens von den Unterschieden machen.

Rund ums Essen und Trinken können Freude, Freundschaft und Eintracht auf einfache Weise alle umschließen. Zusammen entspannt essen und trinken, auch am bescheidensten Tisch, kann eine bereichernde Erfahrung sein, die Menschen zusammen-bringt, mögen auch viele Mühe mit der erzwungenen familiären Nähe haben.

Als festliche Hauptmahlzeit essen die meisten, was man für den Ort, an dem sie leben, als typisch bezeichnen kann, obwohl wir ja gesehen haben, dass viele Zutaten ursprünglich von weit her kamen. Das ist das Reizvolle an einem Weihnachts-Kochbuch mit Gerichten aus aller Welt: Es gibt Gelegenheit, in andere Küchen und Kulturen einzutauchen und etwas von diesen Traditionen auf den eigenen Tisch zu bringen. Unabhängig davon, ob Sie diese Festzeit im tiefen kalten Norden oder im drückend heißen Süden verbringen, können Sie bei Tisch an Zutaten aus der ganzen Welt teilhaben.

Troth Wells, Herausgeberin
New Internationalist
Oxford, UK

Nordeuropa

Im Norden Europas verwendet man immer noch das alte nordische Wort Jul, das sehr wahrscheinlich von *Hjul,* das Rad, abgeleitet ist; das Rad symbolisiert das Verfließen der Zeit.

Das Christentum breitete sich vom Heiligen Land im Nahen Osten in der ganzen hellenistisch-römischen Welt aus. Es wurde unter Konstantin dem Großen (306–337) zur Staatsreligion des Römischen Reiches. Der heilige Augustinus von Hippo brachte es um 600 nach England; Skandinavien erreichte es um das Jahr 960.

Für viele Menschen in nördlichsten Ländern ist der Weihnachtsmann eine der Hauptfiguren an Weihnachten; er kommt heute in den verschiedenen Ländern und in mancherlei Gestalt vor. Nach Ghana etwa kam die Idee des Weihnachtsmanns erst mit den europäischen Kolonisatoren; er kommt aus dem Wald und nicht wie in den angelsächsischen Ländern vom Himmel.

Eine skandinavische Tradition:
der Tanz um den Weihnachtsbaum

Es scheint, er lebe tatsächlich irgendwo im kalten Norden, aber ist es wohl am Nordpol, in Grönland oder in Samiland/Lappland, in Norwegen, Schweden oder Finnland?

Beginnen wir mit Grönland, einem der nördlichsten Länder. Dort beginnen die Weihnachtsfestivitäten bereits am 1. Dezember mit Umzügen der Kinder, die Weihnachtslieder singend von Haus zu Haus ziehen. Dafür erhalten sie Süßigkeiten und Kuchen.

Am 24. Dezember, Heiligabend, kommen die Kinder vorbei, um Weihnachten anzukündigen. Dieses Mal tragen sie Papierlaternen mit Kerzen und singen vor jedem Haus. Um Mitternacht kommt ein großer Chor vorbei, der unter dem Glanz der Nordlichter am Sternenhimmel Weihnachtslieder singt, während der Schnee unter den Füßen der Singenden knirscht.

An Heiligabend isst man in Grönland, was man vorrätig hat. Es gibt kein spezielles nationales Weihnachtsgericht, doch wenn es *Mataq* gibt, sind die Menschen überglücklich. *Mataq*, der Speck des *Narwals* (arktischer Stoßzahnwal, welche die Grönländer für den eigenen Verzehr fangen dürfen), schmeckt ein wenig wie Kokosnuss. Er wird zerkleinert und dann roh mit grobkörnigem Salz und dicken Scheiben Roggenbrot gegessen. Es ist dies der einzige Anlass, bei dem die Männer die Frauen bedienen.

Grönländer in folkloristischer Kleidung bei einem Weihnachtsanlass in Kopenhagen.

Auch die Isländer berücksichtigen ihre Tierwelt beim Weihnachtsgericht. Viele Leute essen am 23. Dezember getrockneten Fisch und an Heiligabend weißes Schneehuhn, weil es sehr zahlreich vorkommt und einfach zu fangen ist. Andere bevorzugen einen feinen Schweinsbraten, eine Tradition, die vor noch nicht allzu langer Zeit von Dänemark übernommen wurde. Am Weihnachtstag essen die Isländer *Hangikjöt*, geräuchertes isländisches Lamm.

Dreizehn Tage vor Weihnachten kommen die dreizehn Weihnachtskobolde von den Hügeln herunter zu den Häusern. Es sind liebenswürdige Kobolde, die Geschenke mitbringen und sie den Kindern in die Schuhe stecken. Der letzte Weihnachtskobold kommt an Heiligabend und bleibt die ganze Nacht über, um mitzufeiern. Danach kehren alle, einer nach dem anderen, wieder in die Berge zurück. Der letzte Kobold geht am 6. Januar, welcher darum auch der «Dreizehnte» genannt wird. Der Tag symbolisiert das Ende der Weihnachtszeit; an diesem Tag verbrennt man den Weihnachtsbaum und die Menschen tanzen mit den Kobolden um das Freudenfeuer.

Tanzen ist auch auf den Färöer-Inseln Brauch. Am zweiten Weihnachtstag, dem 26. Dezember, beginnt die traditionelle Weihnachtstanzzeit, und sie dauert bis zur Fastenzeit an. Am 6. und 13. Januar findet je ein großer öffentlicher Tanzanlass statt. Offensichtlich wissen die Einwohner der Färöer Inseln, wie man Feste in die Länge zieht.

LAUFABROT

Blattbrot

480 g Weizenweißmehl/
Mehltype 405
½ TL Salz
½ TL Backpulver
2 EL Zucker
3 dl/300 ml kochende Milch

Maiskeimöl zum Frittieren

1 Mehl in eine Schüssel sieben, Salz, Backpulver und Zucker zufügen, die heiße Milch nach und nach unterrühren. Den Teig leicht kneten. Auf der bemehlten Arbeitsfläche so groß ausrollen, dass 8 Rondellen in der Größe einer Untertasse ausgestochen werden können. Mit einem Messer Verzierungen schneiden (siehe Illustration).

2 Das Maiskeimöl in einer Fritteuse so stark erhitzen, bis sich beim Eintauchen eines kleinen Teigstückes Blasen bilden. 2 bis 3 Rondellen auf einmal in die Fritteuse geben, Brote goldgelb backen, auf Küchenpapier abtropfen lassen. Noch warm essen.

Reispudding oder Rice à l'Amande ist eine weitverbreitete nordische Tradition. Der Pudding enthält eine blanchierte Mandel, die von einer glücklichen Person entdeckt werden soll.

An einem schwedischen Weihnachtsessen kann die Mandel entweder süß sein – das bedeutet, dass du bald heiraten wirst – oder bitter – was bedeutet, dass du allein bleibst.

Auf den Färöer-Inseln und in Dänemark bekommt man auch häufig ein kleines Geschenk wie zum Beispiel ein Marzipanschweinchen. Wer das Geschenk findet, erhält gewisse Privilegien zugestanden. Er darf zum Beispiel jede gewünschte Person küssen oder er erhält die Verantwortung für die Festlichkeiten nach dem Essen. Manche sind glücklich, wenn sie das Geschenk nicht finden ...

In den skandinavischen Ländern spielt eine Figur namens Nisse eine wichtige Rolle. «Nisse» ist ein Spitzname für Niels, Nikolaus auf Dänisch. Das bedeutet aber nicht, dass der Nisse und St. Nikolaus identisch sind, sondern nur, dass St. Nikolaus im Mittelalter in den skandinavischen Ländern sehr populär war und dass dadurch viele Kinder nach ihm benannt wurden. Der Name Niels wurde so gebräuchlich, dass der Nisse nach ihm benannt wurde, jedoch ohne bewussten Bezug zu dem Heiligen.

RICE À L'AMANDE

Reispudding mit Kirschkompott

60 g Reis für Milchreis
½ l Milch
1 Vanilleschote
100 g geschälte Mandeln
½ l Rahm/süße Sahne
Zucker

Kirschsauce
500 g tiefgekühlte oder heiß eingefüllte, entsteinte Kirschen
wenig Wasser
1 EL Maisstärke
Zucker

1 Für den Pudding den Reis mit der Milch aufkochen, bei schwacher Hitze etwa eine Stunde kochen, immer wieder rühren, damit der Reis nicht anbrennt. Auskühlen lassen.
2 Die Mandeln in wenig sprudelnd kochendem Wasser einige Minuten blanchieren, abgießen. Eine Mandel für die Überraschung zur Seite legen, die restlichen nicht zu fein hacken. Vanilleschote längs aufschneiden. Den Rahm steif schlagen.
3 Mandeln und abgestreiftes Vanillemark zusammen mit dem Schlagrahm unter den erkalteten Reispudding rühren. Die ganze Mandel zugeben. Nach Belieben süßen.
4 Gefrorene Kirschen mit ein wenig Wasser aufkochen, einige Minuten köcheln. Die Maisstärke in einigen Esslöffeln Kirschsaft auflösen, zum Kompott geben, köcheln lassen, bis die Sauce bindet. Nach Belieben süßen. Heiß eingefüllte Kirschen nur erhitzen, Saft binden wie oben beschrieben.
5 Den erkalteten Reispudding in Suppentellern oder Suppenschalen anrichten. Das warme Kirschkompott darüber verteilen.
Ganze Mandel Die Person, in deren Reis sich die Mandel befindet, erhält ein kleines Geschenk.

Der Nisse ist ein kleines übernatürliches Wesen, das in Ställen und Scheunen lebt und dort die Tiere beschützt. Er spielt Kindern, die vergessen, ihm eine Schüssel mit speziellem Haferbrei hinzustellen, Streiche.

Ein anderer Brauch, der für viele die Weihnachtslichter zum Leuchten bringt, ist die Lucia-Feier, die am 13. Dezember, dem Lucia-Tag, stattfindet. Lucia, was soviel wie Licht bedeutet, war eine sizilianische Heilige, die in Not geratenen Matrosen half, indem sie eine weithin sichtbare Kerze in der Hand trug – ein lebender Leuchtturm.

Aus Dankbarkeit führten Matrosen vor vielen Jahren in Schweden das Lucia-Fest ein, das in Schulen und Spitälern allmählich Teil der schwedischen Weihnachtstradition wurde.

Der dunkle Morgen verwandelt sich, wenn die junge Lucia-Braut, ganz in Weiß gekleidet, sich langsam fortbewegt, gefolgt von den Jungen und Mädchen, die Sterne und Vögel darstellen. In ihrem Haar trägt sie einen mit Kerzen beleuchteten Kranz und singt ihr Lied, ein italienisches Seemannslied. Nach dem Zeremoniell wird Frühstück mit dampfendem Kaffee und frischen Brötchen serviert.

LUCIA BREAD

Rosinenbrot

900 g Dinkel- oder Weizenweißmehl/Mehltype 405
1 Prise Safranpulver
1 TL Kurkuma/Gelbwurz
½ l warme Milch
100 g Butter
1 Hefewürfel (42 g)
½ TL Salz
100 g Zucker
50 g Rosinen

1 Ei zum Bepinseln

1 Safran und Kurkuma in 2 Esslöffeln Milch auflösen. Die Butter in der Milch schmelzen.
2 Mehl in eine Schüssel geben, eine Vertiefung eindrücken. Lauwarme Butter-Milch, Safran-Kurkuma-Milch und Hefe in die Vertiefung geben, 2 bis 3 Esslöffel Mehl unterrühren. Den Vorteig bei Zimmertemperatur 15 Minuten gehen lassen.
3 Salz, Zucker und Rosinen in die Schüssel geben, alles zu einem Teig zusammenfügen und diesen auf der Arbeitsfläche etwa 10 Minuten kneten. Hefeteig in die Schüssel legen, mit einem feuchten Tuch bedecken und den Teig bei Zimmertemperatur 30 Minuten gehen lassen.
4 Backofen auf 220 °C vorheizen.
5 Aus dem Teig kleine Laibe formen, auf ein mit Backpapier belegtes Blech legen. Rosinen in den Teig drücken. Nochmals 10 Minuten gehen lassen. Die Brote mit dem verquirlten Eigelb bestreichen.
6 Die Rosinenbrote in der Mitte in den Ofen schieben, bei 220 °C 10 bis 12 Minuten backen.

Weihnachtsmann mit Rentier in Samiland/Lappland (Finnland), mit den Korvatunturi-Bergen im Hintergrund

Vor allem ist Weihnachten das Fest der Kinder. Am 1. Dezember beginnt die Vorfreude mit dem Öffnen des ersten Fensters des Adventskalenders. Viele Kinder bekommen einen Geschenkekalender und öffnen jeweils jeden Morgen nach dem Frühstück eines der 24 Geschenke. Das hilft ihnen an diesen dunklen und kalten Wintermorgen aus dem Bett.

Während in den lutherischen skandinavischen Ländern der Weihnachtsmann die Kinder an Heiligabend besucht, erscheint er bei den Anglikanern am Morgen des 25. Dezember. Er kommt mit einem Sack voller Geschenke den Schornstein herunter und füllt die Strümpfe, die die Kinder am Kamin oder an einem Bett aufgehängt haben.

An Weihnachten werden die Geschenke für die Kinder unter den Weihnachtsbaum gelegt. Albert, dem Ehemann von Königin Victoria, ist der Brauch des dekorierten Tannenbaums zu verdanken, welchen er im Jahr 1840 von seiner Heimat Deutschland nach England gebracht hat. Seit 1947 schenken jeweils die Norweger den Briten jedes Jahr einen großen Weihnachtsbaum, der im Andenken an die englisch-norwegische Zusammenarbeit während des Zweiten Weltkriegs auf dem Trafalgar Square aufgestellt wird.

WAFFLES
Waffeln

125 g Dinkel- oder Weizenweißmehl/Mehltype 405
2–3 EL Zucker
6 EL helles Bier
2 Freilandeier
125 g Butter
1 dl/100 ml Rahm/süße Sahne

Bratbutter/Butterschmalz zum Backen

Puderzucker
Preiselbeerkonfitüre

1 Die Eier trennen. Mehl, Zucker, Bier und Eigelbe zu einem Teig rühren. Butter schmelzen, abkühlen lassen, mit dem Rahm unter den Teig rühren. Eiweiß steif schlagen, kurz vor dem Backen unter den Teig heben.

2 Ein herzförmiges (auch eine andere oder eine flache Form ist geeignet) Waffeleisen aufheizen. Je Waffel etwas weniger als 1 dl/100 ml Teig auf das Waffeleisen gießen, 3 bis 4 Minuten backen. Wenn es sich um ein Waffeleisen für das Kochfeld handelt, dann brauchen die Waffeln je Seite nur 2 Minuten.

3 Die heißen Waffeln mit dem Puderzucker bestäuben, mit der Preiselbeerkonfitüre servieren.

SALTED SALMON

Gesalzener Lachs

800 g Lachsfilet mit Haut

Salzlake
1 l Wasser
125 g grobes Salz
50 g Zucker
8 getrocknete Wacholderbeeren, zerdrückt
15 getrocknete rote Pfefferkörner
1 TL Koriandersamen

1 Das Wasser mit Salz, Zucker und Gewürzen 1 Minute sprudelnd kochen. Erkalten lassen.

2 Lachsfilet mit der Haut nach unten in eine große, tiefe Schüssel legen, mit der Salzlake übergießen. Schüssel mit Klarsichtfolie zudecken, Lachs im Kühlschrank mindestens 12 Stunden stehen lassen.

3 Lachs aus der Salzlake nehmen und mit Küchenpapier trocken tupfen. Fisch mit einem geeigneten Messer, das man leicht schräg (im spitzen Winkel) führt, in möglichst feine Scheiben schneiden.

Tipp Den Lachs mit Roggen- oder Vollkornbrot servieren.

In Schweden beginnt man am 13. Dezember, den *Lut-Fisch* (einer Art Kabeljau) zu marinieren, so dass er bis Weihnachten bereit ist. Während die allermeisten Menschen gebratenes Schweinefleisch, aber auch Gans, Ente, Truthahn oder *Pjinnekjöt* (gesalzene Lammrippen) essen, ziehen manche Leute in Finnland und Norwegen Fisch mit im Ofen gebackenem Gemüse vor.

Viele glauben, der Weihnachtsmann lebe zusammen mit seinen Rentieren am Nordpol. Doch wer hat schon je ein Rentier am Nordpol gesehen?

Für die Finnen lebt er in Samiland/Lappland mit seiner Frau und Hunderten von Elfen, die ihm helfen, Spielzeuge für die Kinder auf der ganzen Welt anzufertigen.

Auch ein Besuch in der Sauna ist natürlich ein wichtiger Bestandteil der finnischen Weihnachtsfeier. Manche essen gar dort. Und wenn sie die Hitze nicht mehr aushalten, ist es Brauch, sich schreiend und kreischend nackt im Schnee zu wälzen. Erfrischt brennen sie danach darauf, sich an den Weihnachtstisch zu setzen.

West-und Südeuropa

Weihnachten feiern bedeutet nicht nur festen, essen und trinken, sondern auch Romantik. Viele der unzähligen Gesellschafts-spiele dienen dazu, Menschen einander näher zu bringen, so dass die langen Winterabende nach der Weihnachtszeit schneller vergehen.

Aus Europa stammt der heidnische Brauch, Mistelzweige aufzuhängen, England kennt den Brauch, jedwede Person zu küssen, die sich darunter stellt. In viktorianischen Zeiten mag das sehr gewagt gewesen sein. Doch es war anscheinend ebenfalls beliebt, denn zum Glück für junge Paare hat sich der Brauch auch in anderen Ländern verbreitet.

Man sagt, die Mistel sei der Baum, aus dem das Kreuz Jesu geschnitzt war. Der Baum schämte sich darüber so sehr, dass er gelobte, nie wieder aus der Erde zu wachsen. Seitdem ist er die Schmarotzerpflanze, die wir kennen.

Viele englische Kinder genießen
Weihnachten, indem sie
sich Papierhüte aufsetzen und
Luftballonsaufblasen

Englische Weihnachtsstimmung mit Kamin
und einem nach traditioneller Art geschmückten
Weihnachtsbaum

In manchen englischen Familien ist es Brauch, dass jedes Familienmitglied abwechselnd die Teigmischung des traditionellen *Christmas Pudding* rührt und sich dabei etwas wünscht; was das ist, muss allerdings ein Geheimnis bleiben, wenn es in Erfüllung gehen soll. Manchmal werden auch kleine Glücksbringer oder Münzen im Pudding versteckt. Eine lustige Idee, aber für die Zähne alles andere als ideal. Gewürze, Münzen und flammend oranger Brandy, der jeweils über den Pudding gegossen wird, sind Erinnerungen an Myrrhe, Gold und Weihrauch, welche die drei Könige dem Christkind mitbrachten. Das Truthahn-, Poulet- oder auch Gänsefestessen wird am Weihnachtstag um 2 Uhr serviert, gefolgt von einem mit Stechpalmenblättern geschmückten, mit Brandybutter übergossenen *Christmas Pudding*. Vegetarier weichen auf leckere Variationen von Gewürzen, Gemüsen und Nüssen aus.

CRANBERRY TART

Preiselbeerkuchen

für eine runde Form
von 28 cm Durchmesser
für 6 Personen

Teig

200 g Dinkel-oder Weizenweißmehl/Mehltype 405
25 g Puderzucker
175 g eiskalte Butterstückchen
1 kleines Freilandei, verquirlt
2 EL kaltes Wasser

Eigelb zum Bepinseln

Preiselbeerfüllung

350 g frische oder gefrorene Preiselbeeren
2 EL Johannisbeergelee oder anderes rotes Gelee
200 g Gelierzucker
2 EL Brandy
1 TL Agar-Agar-Pulver

1 Für den Teig Weißmehl mit Puderzucker mischen, Butterstückchen zufügen und mit dem Mehl krümelig reiben, verquirltes Ei mit dem kalten Wasser zugeben, rasch zu einem Teig zusammenfügen.

2 Teig zwischen zwei Klarsichtfolien auf Formgröße ausrollen, Klarsichtfolie entfernen, Teig in die eingefettete Form stürzen, auch zweite Klarsichtfolie entfernen. 30 Minuten kühl stellen.

3 Backofen auf 190 °C vorheizen. Den Teigboden mit Backpapier belegen und zum Blindbacken mit getrockneten Bohnen füllen. In der Mitte in den Ofen schieben, bei 190 °C 20 Minuten backen. Die Bohnen und das Backpapier entfernen. Den Mürbeteigboden und den Rand mit Eigelb bepinseln. Nochmals 5 bis 10 Minuten backen. Den Teigboden aus der Form nehmen und auf eine Platte legen.

4 Preiselbeeren, Johannisbeergelee und die Hälfte des Gelierzuckers 2 bis 3 Minuten sprudelnd kochen, restlichen Gelierzucker, Brandy und das mit 2 bis 3 Esslöffeln Wasser angerührte Agar-Agar-Pulver unterrühren, etwa 2 Minuten bei starker Hitze (sprudelnd) kochen. Preiselbeermasse auf den Teigboden gießen, erkalten lassen.

Gemäß einer anderen angelsächsischen Tradition hängt man einen mit einer roten Schleife geschmückten Stechpalmenkranz an die Haustür. Der Brauch stammt vom altrömischen Fest der Saturnalien, bei dem in der Mitte des Winters ein Kranz aufgehängt wurde, um Saturn, den Gott der Landwirtschaft, zu verehren, und bei dem Geschenke ausgetauscht wurden. Sklaven und Hausherren tauschten die Rollen, und für ein paar Tage war alles auf den Kopf gestellt.

In Irland ist Weihnachten eher ein religiöser Feiertag als ein Fest. An Heiligabend werden Kerzen auf die Fensterbretter gestellt, um Josef und Maria den Weg zur Krippe zu zeigen. Oft sind die Kerzen rot und mit Stechpalmenzweigen geschmückt.

In jedem Haus gibt es Kümmelkekse für alle und drei verschiedene Arten von Christmas Pudding, je eine für den Weihnachtstag, für das Neujahr und den Dreikönigsabend. Nach Heiligabend bleiben die Haustüren offen, Brot und Milch werden herausgestellt als Zeichen der Gastfreundschaft.

In Großbritannien gehören auch Weihnachtslieder und andere Musik sowie das Schmücken von Bäumen, Straßen und Häusern zur Weihnachtstradition.

GRILLED TROUT WITH ALMONDS

Gegrillte Forelle mit Mandeln

4 frische, pfannenfertige Forellen
2 unbehandelte Zitronen oder Orangen
Salz
frisch gemahlener Pfeffer
30 g Mandelblättchen
60 g Butter

1 Backofen auf 200 °C vorheizen.
2 Forellen innen und außen unter kaltem Wasser abspülen, mit Salz und Pfeffer würzen. Zitronen in feine Scheiben schneiden, eventuell halbieren, die Fische damit füllen.
3 Den Backofen-Gitterrost mit Alufolie abdecken, die Folie einölen, die Forellen darauf legen, im vorgeheizten Backofen bei 200 °C rund 20 bis 25 Minuten braten. Mandelblättchen 5 Minuten vor Ende der Bratzeit über die Forellen verteilen.
4 Die Forellen auf Tellern anrichten, die Butter schmelzen und darüber gießen.

Eine interessante französische Weihnachtstradition am Dreikönigsabend ist der Königskuchen. Die *Galette des rois* stammt aus dem 16. Jahrhundert und wurde anlässlich der Französischen Revolution von 1789 verboten, ist aber heutzutage wieder so beliebt wie je zuvor.

Für den Kuchen wird Blätterteig verwendet; der Königskuchen enthält die Porzellanfigur eines Königs oder einer Krone. Wer die Figur findet, wird zum König respektive zur Königin gekrönt und erwählt sich eine Gemahlin oder einen Gemahl. Die beiden leiten dann die Festlichkeiten des Abends: Sie bestimmen, wann getanzt und was gesungen wird und so weiter. Und wenn sie trinken, rufen alle: «Die Königin trinkt! Der König trinkt!». Und dann trinken selbstverständlich alle anderen auch.

GALETTE DES ROIS

Königskuchen

für eine runde Form von
25 cm Durchmesser
für 4–6 Personen

400 g gut gekühlter Blätterteig

Füllung
100 g geschälte, geriebene Mandeln
100 g Zucker
100 g weiche Butter
1 unbehandelte Orange,
abgeriebene Schale
2 EL Rum
2 Eigelbe von Freilandeiern

1 Eigelb zum Bepinseln
Puderzucker nach Belieben
1 kleine Porzellanfigur
1 Papierkrone

1 Den Blätterteig in zwei Portionen teilen, eine 250 g, die andere 150 g schwer. Die größere Teigportion so groß ausrollen, dass der Teig die Form 2 bis 3 cm überlappt. Die Teigrondelle in die eingefettete Form legen. Aus der zweiten Teigportion eine Rondelle von 25 cm Durchmesser ausrollen.
2 Backofen auf 220 °C vorheizen.
3 Sämtliche Zutaten für die Füllung verrühren und auf dem Teigboden ausstreichen, die Porzellanfigur auf die Füllung legen. Das zweite Teigblatt darauf legen, den Rand mit Wasser bepinseln, überlappenden Teig darüber legen, andrücken. Das Eigelb mit wenig Milch verflüssigen, den Teigdeckel einpinseln, mit einer Gabel ein paar Mal einstechen.
4 Den Königskuchen in der Mitte in den Backofen schieben, bei 220 °C 20 bis 30 Minuten backen. Mit Puderzucker bestäuben, 2 bis 3 Minuten im ausgeschalteten Ofen ruhen lassen. Den Kuchen warm oder kalt servieren.

In der Provence werden die Weihnachtstraditionen hochgehalten. Eine Prozession in folkloristischer Tracht findet sich zur Mitternachtsmesse ein

Folgeseite: Weihnachten in Paris. Die Champs-Elysées, von 180'000 Lichtern beleuchtet

R
P

In Deutschland hat jede größere Stadt ihren Weihnachtsmarkt mit Ständen und Unterhaltung. Dieses Bild zeigt den Christkindlmarkt in Nürnberg

Für die Franzosen ist die Weihnachtskrippe – *la crèche* – fast noch wichtiger als der Weihnachtsbaum, der oft aus Plastik ist. In Baux gibt es den Brauch, am Tag vor Weihnachten ein neugeborenes Lamm in die Krippe der Kirche zu legen. In Lyon wird der zuletzt geborene Junge in die Krippe gelegt.

In Frankreich und im benachbarten Luxemburg isst man zum Fest Austern, Lachs sowie Truthahn mit Kastanien, natürlich begleitet von einem guten Wein. Besonders Frankreich wird mit gutem Essen und feinen Weinen in Verbindung gebracht; es brauchen nicht unbedingt teure Gerichte oder Weine zu sein, aber traditionelle und mit viel Liebe zubereitete.

An Heiligabend stellen die französischen Kinder ihre Schuhe vor den Kamin. Am nächsten Morgen sind sie mit kleinen Geschenken vom Père Noël (Weihnachtsmann) gefüllt – zum Beispiel mit Früchten, Nüssen und Spielsachen.

In Holland nennt man den Weihnachtsmann *Sinterklaas*. Er lebt in Spanien und hat ein großes rotes Buch, in dem er die guten und weniger guten Taten jedes Kindes verzeichnet. Wenn der Weihnachtsmann am 5. Dezember vorbeikommt, stellen alle Kinder ihre Holzschuhe auf den Fenstersims, gefüllt mit Karotten für sein Pferd. Wenn *Sinterklaas* in die Stadt kommt, reitet er durch die Straßen in Begleitung seines Dieners, des *«Schwarzen Piet»*, welcher den Kindern Süßigkeiten oder Geschenke zuwirft. An diesem Tag wird der Straßenverkehr in ganz Holland angehalten. Nachts fliegt dann Sinterklaas über die

Der holländische *Sinterklaas* (Weihnachtsmann) gleicht einem Bischof. Er kommt bei der Eröffnung des Weihnachtsmarktes auf seinem als Rentier verkleideten Pferd angeritten

Dächer der Stadt und legt jedem Kind ein Geschenk in den Holzschuh, während es schläft.

In Ostholland gibt es den alten Brauch des Winter-Sonnenwende-Hornblasens. Vom ersten Sonntag der Adventszeit bis zum Heiligabend blasen die Bauern in lange, hohle Äste, die sie über einen Brunnen halten, damit die Töne lauter werden. Die Hornsignale werden von Bauernhof zu Bauernhof beantwortet und verkünden die baldige Ankunft Jesu.

Die Erwachsenen tauschen kleine Geschenke mit in Keksen oder Puppen versteckten Versen aus. Wenn man sie findet, sagt man ganz überrascht: *«Danke schön, Sinterklaas»*.

In Deutschland beginnen die Vorbereitungen für Weihnachten am Abend des 6. Dezember, wenn festgelegt wird, wann Lebkuchen und Kekse gebacken und die Weihnachtsdekorationen gebastelt werden (viele kaufen sie allerdings). Auch bäckt man Lebkuchenhäuschen und bestellt Früchtepüppchen aus Dörrpflaumen als Spielzeug für die kleinen Kinder. In manchen Häusern stehen gleich mehrere Weihnachtsbäume, die mit Glimmer, Kerzen und Glaskugeln geschmückt werden. Auch die Städte sind prachtvoll mit Lichtgirlanden und Weihnachtsbäumen geschmückt. Weihnachten ist die Zeit für gesellige Essen im Familienkreis. Das nebenstehende Rezept ist eine von vielen Möglichkeiten. Es ist unkompliziert und kann gut vorbereitet werden. Es lässt am Heiligen Abend genügend Freiraum, um Geschenke auszupacken und weihnachtliche Lieder zu singen.

SCHINKEN IM BROTTEIG

1½ kg rohen, nur wenige Tage in milder Lake gebeizten Schinken (Nussstück)
1½ kg Brotteig aus Weizen- oder Roggenmehl

1 Backofen auf 200 °C vorheizen.
2 Brotteig 1 cm dick ausrollen. Den Schinken in den Teig einschlagen, darauf achten, dass er ringsum völlig eingehüllt ist, damit der Saft beim Backen nicht ausläuft.
3 Den Schinken auf ein mit Backpapier belegtes Blech legen. Mit den Teigresten verzieren. In der Mitte in den Ofen schieben, bei 200 °C etwa 2½ Stunden knusprig braun backen, zwischendurch mit schwach gesalzenem Wasser bestreichen.

Serviervorschlag
Den Schinken in dicke Scheiben schneiden und kalt oder warm mit Kartoffelsalat servieren.

Tipps
Den Brotteig nicht zu satt um das Fleisch legen, da er leicht reißt. Eine Tasse Wasser mit in den Backofen stellen. Der Wasserdampf verhindert, dass die Kruste zu hart wird. Nach Möglichkeit einen flachen, breiten Schinken wählen; ist der Schinken dick und rund, ist es empfehlenswert, diesen vorher in Wasser zu kochen, damit er nach dem Backen auch innen gar ist.

In Österreich kennzeichnet das St.-Nikolaus-Fest den Anfang der Festtage. Vom «Krampus» begleitet, verlangt St. Nikolaus von jedem Kind Auskunft über die guten und die schlechten Taten des vergangenen Jahres. Die guten Kinder erhalten Süßigkeiten, Nüsse und Spielsachen. Die Geschenke werden unter den Weihnachtsbaum gelegt und am 24. Dezember nach dem Weihnachtsessen geöffnet.

In der Schweiz kündet Glockengeläute traditionell den Beginn von Weihnachten an. In den Dörfern werden die Menschen durch die läutenden Glocken zur Mitternachtsmesse gerufen. Nach dem Gottesdienst versammeln sich die Familien, um heiße Schokolade zu trinken und große selber gemachte Ringli, die ähnlich wie Doughnuts schmecken, zu essen. In der Woche vor Weihnachten besuchen die Kinder in ihren feinsten Kleidern ihre Freunde und bringen ihnen kleine Geschenke.

Italienische Kinder und Junggebliebene glauben an die Geschichte von einer alten Frau, die nach Weihnachten erscheint. Sie schwebt über die Dächer mit einem Besen in der Hand. Ihr Name ist Befana; der Name kommt vom griechischen «epifani», was «Sichtbarwerdung», «Erscheinung» bedeutet. Es wird erzählt, dass damals die drei Könige auf dem Weg nach Bethlehem an ihrem Haus vorbeikamen. Als sie die Frau fragten, ob sie nicht mitkommen wolle, lehnte sie ab mit der Begründung, sie müsse erst noch ihr Haus reinigen.

ROSINENKUCHEN

für eine große Springform

150 g Rosinen oder Sultaninen
½ dl/50 ml Rum
50 g kandierte Zitrusfruchtschalen
1 Hefewürfel (42 g)
1 EL Zucker
1,2 dl/120 ml Milch
200 g Butter
500 g Dinkel- oder Weizenweißmehl/Mehltype 405
100 g Zucker
1 Msp Salz
1 EL Vanillezucker

Glasur
50 g Butter
Puderzucker

1 Die Rosinen etwa eine Stunde im Rum einlegen. Die kandierten Zitrusfruchtschalen fein hacken.
2 Hefe mit dem Zucker verrühren, bis sie flüssig ist. Die Milch mit der Butter erwärmen, bis sie flüssig ist.
3 Mehl in einer Schüssel mit Zucker, Salz und Vanillezucker gut mischen. Flüssige Hefe sowie Butter-Milch unterrühren, während 10 Minuten zu einem geschmeidigen Teig kneten. Rosinen mit Rum sowie Zitrusfruchtschalen einkneten. Teig zugedeckt bei Zimmertemperatur auf doppeltes Volumen aufgehen lassen.
4 Rand und Boden der Springform mit Butter einfetten. Den Hefeteig einfüllen und glatt streichen. Rund 30 Minuten gehen lassen.
5 Die Butter schmelzen, den Teig damit einpinseln.
6 Backofen auf 180 °C vorheizen.
7 Die Form auf der zweituntersten Rille in den Ofen schieben, Hefekuchen bei 180 °C rund 50 Minuten backen. Den Kuchen aus der Form nehmen, sogleich mit der restlichen Butter einpinseln und mit Puderzucker bestäuben.

Später bereute sie ihre Entscheidung und lief den Königen samt Besen und Eimer nach, doch sie konnte die drei nicht mehr finden. Deshalb hat sie Jesus nicht gesehen. Scheinbar hat sie dies sehr bedauert, denn noch heute läuft sie von Silvester bis zum Dreikönigstag mit ihrem Besen herum und verteilt Geschenke an die Kinder zum Gedenken an Jesu Geburt. Immer noch ist sie untröstlich, dass sie dieses Ereignis verpasst hat.

In vielen Städten Italiens werden Krippenspiele aufgeführt, an denen sich die ganze Gemeinschaft mit Herz und Seele beteiligt. Die Städte wetteifern um die beste Aufführung und üben wochenlang.

Die spanischen Kinder haben gleich drei Weihnachtsmänner, die drei Könige. Sie kommen am 6. Januar an; sie bringen Geschenke und legen sie in die frisch polierten Schuhe, welche die Kinder am Vorabend zusammen mit Wein, Keksen und Äpfeln für die Pferde vor die Türe stellen.

Krippen sind in den Mittelmeerländern überall zu sehen; in Spanien sind sie aber besonders wichtig. Vor dem 24. Dezember werden sie zu Hause mit Kerzen und kleinen geschnitzten Figuren aufgestellt.

Die Krippen in den Kirchen sind beeindruckend, und jedermann freut sich auf das Krippenspiel der Schulkinder. Ihre Kostüme werden speziell angefertigt und alles fügt sich zu einem rührenden Bild von Lichtern, Farben und Gesängen zusammen.

SPAGHETTI ALLE VONGOLE

Spaghetti mit Muscheln

400 g nicht zu feine Spaghetti
10–12 Venusmuscheln, je Person
1–2 dl/100–200 ml Weißwein
4–5 EL natives Olivenöl extra
3 Knoblauchzehen
1 kleiner roter Peperoncino/ Pfefferschote
Salz
frisch gemahlener Pfeffer
1 Bund Petersilie

1 Muscheln unter fließendem Wasser gründlich waschen. Zerbrochene oder solche, deren Schalen bereits geöffnet sind, wegwerfen, weil sie verdorben sind. Die Muscheln zusammen mit dem Weißwein in einen großen Kochtopf geben und aufkochen, bei mittlerer Hitze garen, bis die Schalen offen sind. Das dauert ungefähr 10 Minuten. Kochtopf einige Male kräftig bewegen, damit die Muscheln gleichmäßig gar werden. In ein Sieb abgießen und die geschlossenen Muscheln wegwerfen.

2 Die Spaghetti in reichlich Salzwasser al dente kochen, in ein Sieb abgießen und mit kaltem Wasser abschrecken.

3 Die Knoblauchzehen schälen und fein hacken. Den Peperoncino längs aufschneiden, eventuell entkernen, die Schotenhälften fein hacken. Olivenöl mit Knoblauch und Peperoncini erhitzen, Muscheln zugeben, mehrmals kräftig schütteln. Erst jetzt Spaghetti zugeben, gut vermengen. In vorgewärmten Tellern anrichten. Mit reichlich Petersilie bestreuen.

Am 28. Dezember versuchen die Spanier sich auf jegliche Art und Weise gegenseitig auszutricksen (ähnlich wie anderenorts am 1. April). Abends essen die Spanier knochenförmige Kekse. Man nennt sie «die Knochen der unschuldigen Kinder», als Erinnerung an den «Tag der unschuldigen Kindlein» (siehe Ungarn).

Der griechische Weihnachtsmann heißt St. Basileus, was soviel wie «heiliger König» bedeutet. In vielen Haushalten kommt er immer noch an seinem Namenstag, am 1. Januar, obwohl es heute nicht unüblich ist, dass er bereits am 25. Dezember autaucht. Er sieht aus wie St. Nikolaus, obwohl die beiden eigentlich nichts miteinander zu tun haben.

In Zypern hält man sich an die alte Tradition, an Weihnachten zu fasten. Man isst ab dem 14. November 40 Tage lang kein Fleisch, sondern nur Gemüse und Fisch und verwendet viel Olivenöl, um für die Ankunft Christi rein zu sein. Wenn sich Weihnachten nähert, kaufen sich die Männer dunkle Kleider mit eher breiten Gürteln sowie kniehohe Stiefel. Der größte gesellschaftliche Anlass ist das Schlachten des Schweins, was nach einer so langen Zeit ohne Fleisch etwas ganz Besonderes ist. Er findet am 24. Dezember auf dem Dorfplatz statt.

STEINBUTT AUS DEM OFEN MIT TOMATENSAUCE

800 g Steinbutt mit Haut
grobes Salz
2 EL natives Olivenöl extra
Fenchelgrün

Tomatensauce
1 kg Tomaten oder
800 g Pelati aus der Dose
2–3 EL natives Olivenöl extra
1 mittelgroße Zwiebel, fein gehackt
frisch gemahlener Pfeffer
fein geschnittenes Basilikum für die Garnitur
1 Knoblauchzehe
1 Bund Oregano, Blättchen abgezupft
1 Bund Basilikum, Blätter in Streifchen
Salz

1 Tomaten an der Spitze kreuzweise einschneiden, in einem Schaumlöffel in kochendes Wasser tauchen, bis sich die Haut löst. Die Gemüsefrüchte schälen, den Stielansatz herausschneiden, dann die Tomaten vierteln und entkernen. Bei Verwendung von Pelati den Stielansatz entfernen und die Tomaten grob hacken. Gehackte Zwiebeln und Knoblauchzehe im Olivenöl bei eher mäßiger Hitze andünsten, Knoblauchzehe entfernen. Tomaten zufügen und mitdünsten, die Kräuter zufügen, bei schwacher Hitze zu einer dickflüssigen Sauce einkochen. Sauce mit Salz und Pfeffer würzen, mit Olivenöl abschmecken.
2 Backofen auf 220 °C vorheizen.
3 Den Steinbutt in 4 Portionen teilen, mit der Hautseite nach oben in eine eingefettete Gratinform legen, Haut mit grobem Meersalz bestreuen und mit Olivenöl einpinseln. Das Fenchelgrün darauf verteilen. Die Gratinform in der Mitte in den Ofen schieben, den Steinbutt bei 220 °C 6 bis 8 Minuten garen. Das Fleisch soll weiß und fest sein.
4 Den Steinbutt mit der Hautseite nach unten auf Tellern anrichten, mit der heißen Tomatensauce bedecken. Mit Basilikum garnieren.
Serviervorschlag Mit gedünstetem Gemüse und Bratkartoffeln servieren.

Die ganze Stadt versammelt sich, die Atmosphäre ist elektrisiert. Das Schwein ist ein altes griechisches Symbol für Fruchtbarkeit, und Schweine wurden der Korn- und Muttergöttin Demeter geopfert, um eine gute Ernte zu erhalten. Während des Schlachtens gehen die Kinder in Basileus-Masken singend von Haus zu Haus, um allen Familien Frieden und auch Glück zu wünschen. Als Dank dafür erhalten sie Kekse und andere Süßigkeiten.

Am Abend, während die Familie singt, wird das Brot angeschnitten. Alle schlagen mit der Gabel auf den Tisch, dann kann das Festessen beginnen. Es ist schön, nach so viel Fisch wieder einmal Schweinefleisch zu genießen. Doch zuerst gibt es eine traditionelle Suppe mit Knödeln, Ei, Reis und Zitronensaft. Wenn alle fertig gegessen haben, werden den neuen Müttern (stolz dasitzend mit ihren in handgestrickte und bunte Tücher gewickelten Babies) spezielle Küchlein serviert, weil sie – wie die Jungfrau Maria – besondere Aufmerksamkeit und Zuwendung verdienen. Auch die Tiere werden nicht vergessen. Sie erhalten Extrafutter, in Erinnerung an die Tiere, die in dem Stall waren, in dem Jesus geboren wurde.

ORANGENKÜCHLEIN MIT BAUMNUSSFÜLLUNG

Teig

2–3 unbehandelte Orangen, davon 2 TL abgeriebene Orangenschale und 1,2 dl/120 ml Saft
2 dl/200 ml natives Olivenöl extra
½ TL Backpulver
3 EL Zucker
1 TL Backpulver
500 g Dinkel- oder Weizenweißmehl/Mehltype 405

Füllung

120 g geriebene Baumnüsse/Walnüsse
1½ TL Zimtpulver
2 EL Zucker
2 EL Rosenwasser

Orangensirup

200 g Zucker
1,2 dl/120 ml Wasser
½ dl/50 ml frisch gepresster Orangensaft

1 Für den Teig Orangensaft mit dem Olivenöl verquirlen, Orangenschalen mit dem Backpulver und dem Zucker unterrühren. Das restliche Backpulver mit dem Mehl mischen, langsam unter die Flüssigkeit rühren. Der Teig sollte locker und leicht sein.
2 Backofen auf 220 °C vorheizen. Backbleche mit Backpapier belegen.
3 Die Zutaten für den Sirup einige Minuten kochen, bis der Sirup dickflüssig ist.
4 Zutaten für die Füllung vermengen.
5 Teig auf bemehlter Arbeitsfläche dünn ausrollen, Rondellen von etwa 6 cm Durchmesser ausstechen. Die Füllung auf die Hälfte der Teigplätzchen häufen, den Teigrand mit wenig Wasser bepinseln, eine zweite Teigrondelle darauf legen, die Ränder andrücken. Die Küchlein auf das Blech legen.
6 Orangenküchlein im vorgeheizten Ofen bei 220 °C etwa 15 Minuten backen. Noch lauwarm mit dem Orangensirup bepinseln, trocknen lassen und wieder einpinseln, 2 bis 3 Mal wiederholen.

Osteuropa

In vielen Ländern Mittel- und Osteuropas, so in Tschechien, Österreich, Deutschland, Ungarn und dem ehemaligen Jugoslawien, gehen am Dreikönigsabend Kinder als die drei Könige verkleidet singend durch die Straßen. Das erste trägt einen leuchtenden Stern – den Stern, der den Königen den Weg nach Bethlehem zeigte. Sie gehen von Tür zu Tür und erhalten Münzen und Süßigkeiten. Dafür schreiben sie die Buchstaben CMB, die Initialen der Namen der Könige Caspar, Melchior und Balthasar, über die Haustür, als Schutz gegen das Böse im kommenden Jahr.

Nach jahrhundertelangen Auseinandersetzungen zwischen der Römisch-Katholischen Kirche im Westen und der orthodoxen Kirche in Konstantinopel kam es im Jahr 1054 zu einer Spaltung. Doch Weihnachten feiern beide Zweige, allen dogmatischen Unterschieden zum Trotz.

Während der Weihnachtszeit ist die Krippe von großer Bedeutung. Man sieht sie in vielen Formen und Größen. Die Tschechen sind berühmt für ihre kunstvollen Figuren und für die hübschen böhmischen Glaskugeln, die sie als Schmuckartikel exportieren.

Unter dem Sowjetregime wurde in Russland aus dem St. Nikolaus «Väterchen Frost». Dieser hatte einen langen weißen Bart und lebte im großen Wald. Man sagte von ihm, er habe den Schnee erschaffen. Einmal im Jahr, am 1. Januar, kam er in die Stadt, begleitet von seiner Tochter, dem Schneemädchen. Sie war ganz in Weiß gekleidet und hatte lange Zöpfe, die unter ihrer weißen Mütze zum Vorschein kamen.

Um den Weihnachtsbaum verteilten Vater und Tochter den Kindern kleine Geschenke. Als Dankeschön sangen die Kinder ein Lied oder sagten ein Gedicht auf. Um Mitternacht wurde mit Sekt angestoßen, und man wünschte sich alles Gute für das kommende Jahr.

Vor hundert Jahren hatten die Kinder des Zaren einen eigenen Weihnachtsbaum in ihrem Spielzimmer im Alexander-Palast in Moskau. Ihre Betten wurden in das Zimmer getragen, so dass sie in der Nähe des Baums schlafen konnten

linke Seite:
Moskau, Russland. Ded Moroz oder «Väterchen Frost» vor einem spektakulären Weihnachtsbaum

Krakau, Polen. Jeden Dezember wetteifern Kinder und Erwachsene um die schönste Holz- oder Pappkrippe, die auf dem Sockel der Statue von Adam Mickiewicz ausgestellt werden

Nach dem auch religiösen Glasnost kehrten mehr und mehr Russen zur Tradition zurück, Weihnachten am 7. Januar zu feiern. Das ist 14 Tage nach dem westlichen Datum, da die östliche Kirche dem Julianischen Kalender folgt. Dieser Tag ist heutzutage wieder ein nationaler Feiertag, und die Messe wird in ganz Russland live übertragen. Gemäß orthodoxem Brauch wird gefastet, bis der erste Stern aufgeht. Viele Russen essen in dieser Nacht kein Fleisch, sondern *Kutya*, das ist ein Brei aus Hirse und Gerste, als Zeichen für Hoffnung, und aus Honig sowie Mohnsamen, als Symbol für Glück und Frieden. Um die Zusammengehörigkeit zu stärken und zu feiern, essen alle *Kutya* aus der gleichen Schüssel.

Eine andere alte Weihnachtstradition aus der Zeit vor der Revolution, die wieder populär wird, ist die von der beliebten *Babushka* (Großmutter). Sie ist eine russische Version der italienischen *Befana*. Nach der russischen Folklore ist *Babushka* eine alte Frau, welche den drei Königen auf ihrer Suche nach Jesus keinen Unterschlupf gewährt hat. Um dies wieder gutzumachen, geht sie heute noch herum und verteilt den Kindern kleine Geschenke.

MOHNSTOLLEN

2½ dl/250 ml Milch
40 g Butter
25 g Hefe
40 g Zucker
½ unbehandelte Zitrone, abgeriebene Schale
1 Vanilleschote, aufgeschnitten
425 g Dinkel- oder Weizenweißmehl/Mehltype 405
1 Freilandei

Füllung
200 g Mohnsamen
2 EL Butter
½ unbehandelte Zitrone, abgeriebene Schale
25 g gehackte Mandeln
40 g Zucker
1 Vanilleschote, aufgeschnitten
100 g Rosinen oder Sultaninen
1 Eiweiß

Glasur
100 g Puderzucker
4 EL Zitronensaft

1 unbehandelte Orange

1 Die Milch erwärmen, die Butter darin schmelzen. Die Hefe mit dem Zucker flüssig rühren. Zitronenschalen, abgestreiftes Vanillemark sowie Mehl mischen. Milch, Butter, Hefeflüssigkeit und Ei zugeben, während mindestens 10 Minuten zu einem geschmeidigen Teig kneten. Zugedeckt bei Zimmertemperatur auf das doppelte Volumen aufgehen lassen.
2 Die Mohnsamen in einer Schüssel mit kochendem Wasser übergießen, 10 Minuten quellen lassen, dann in ein feinmaschiges Sieb, z. B. Mehlsieb, abgießen und gut abtropfen lassen. Butter schmelzen, Mohnsamen, Zitronenschalen, Mandeln, Zucker, abgestreiftes Vanillemark sowie Rosinen unterrühren. Abkühlen lassen. Das Eiweiß zu Schnee schlagen und unterziehen.
3 Backofen auf 180 °C vorheizen.
4 Teig zu einem Rechteck von 30 x 40 cm ausrollen. Füllung darauf ausstreichen, auf allen Seiten etwa 3 cm Rand frei lassen. Das Teigblatt einrollen. Den Mohnstollen mit dem Teigende nach unten auf ein mit Backpapier belegtes Blech legen.
5 Mohnstollen in der Mitte in den Ofen schieben, bei 180 °C 50 Minuten backen.
6 Zitronensaft löffelweise unter stetem Rühren zum Puderzucker geben. Die Glasur soll dickflüssig sein. Den noch warmen Stollen damit glasieren. Die Orangenschale dünnschalig abschälen, in Streifchen schneiden, über den Stollen streuen, solange die Glasur noch nass ist.

Eine russische Legende sagt, falls Gott je sterben sollte, würde St. Nikolaus Gott werden. Doch wenn die Russen glauben, sie hätten auf ihn einen besondern Anspruch, nur weil er der Schutzheilige Russlands ist, täuschen sie sich gewaltig. Denn St. Nikolaus ist heute auf der ganzen Welt bekannt und sehr beliebt. Für viele ist er einfach der Weihnachtsmann, doch in vielen anderen Ländern hat er seinen eigenen Namen behalten.

Nach einem Besuch in Westeuropa führte Peter der Große (1672 bis 1725) in Russland den Brauch des Weihnachtsbaumschmückens ein. Während der Sowjet-Ära, als Weihnachtsbäume verboten waren, haben die Menschen stattdessen am Neujahrstag einen Baum geschmückt, so wurde dieser Tag eine Art Ersatz für Weihnachten. Weihnachtsschmuck war aber nicht einfach zu bekommen und zudem sündhaft teuer. Deshalb verwendeten die Russen als Schmuck Früchte und selbst gemachte Dekorationen. Die Menschen schmückten die Weihnachtsbäume während der ganzen Weihnachtszeit, indem sie immer wieder neue Gegenstände aufhängten.

GEBRATENER KARPFEN MIT KARTOFFELSALAT

800 g Karpfen am Stück
Salz
Mehl
1 Freilandei
1 Becher (180 g) Sauerrahm/saure Sahne

6–8 mittelgroße fest kochende Kartoffeln
2 süße Äpfel

Salatsauce
1 dl/100 ml Gemüsebrühe
3 EL kalt gepresstes Sonnenblumenöl
1 EL Obstessig
Salz
frisch gemahlener Pfeffer
1 mittelgroße rote Zwiebel, gehackt

Dill für die Garnitur

1 Die Kartoffeln in der Schale im Dampf garen, noch heiß schälen und in Scheiben schneiden.
2 Für Sauce Gemüsebrühe, Sonnenblumenöl und Obstessig verquirlen, mit Salz und Pfeffer würzen, Zwiebeln und Kartoffelscheiben zufügen, sorgfältig vermengen. Äpfel schälen, vierteln, entkernen, Fruchtviertel in Würfelchen schneiden, mit dem Salat vermengen. 30 Minuten durchziehen lassen. Ein paar Mal in eine zweite Schüssel umfüllen, damit die Kartoffeln die Sauce gleichmäßig aufnehmen können.
3 Den Karpfen in 8 Stücke teilen, mit Salz würzen, zuerst im Mehl, dann im verquirlten Ei und nochmals im Mehl wenden, in einer weiten Bratpfanne in wenig Öl bei mäßiger Hitze goldgelb braten, den Sauerrahm über die Fischstücke gießen, köcheln lassen, bis die Sauce dickflüssig ist, würzen.
4 Gebratene Karpfenstücke mit der Sauce anrichten. Kartoffelsalat dazugeben, mit Dill garnieren.

In Polen ist man während der Adventszeit ganz mit Vorbereitungen wie etwa dem Backen des *Piernik* (Honigkuchen) beschäftigt. *Wagilia* gilt als der wichtigste Tag der Weihnachtszeit in Polen. Vor dem Weihnachtsessen wird eine große Platte mit Salz, einer Bibel und Geld auf den Tisch gestellt, als Dank an Gott für das tägliche Essen und für das Geld, das die Familie verdient, um zu überleben. Das Weihnachtsmahl besteht vor allem aus Fisch verschiedenster Art.

Ein paar Tage vor Weihnachten legen die Kinder ihre Wunschliste für St. Nikolaus auf den Fenstersims. Das polnische Wort für Weihnachten ist *Gwiazdka* (kleiner Stern), weil es mit dem ersten erscheinenden Stern an Heiligabend, dem 24. Dezember, beginnt.

Vor dem Weihnachtsessen segnet der Priester das Brot als Symbol für die Hostie. Das Brot wird dann gebrochen. Kleine Brotstücke werden in Briefen an die nicht anwesenden Familienangehörigen und Freunde geschickt.

Wenn in Tschechien St. Nikolaus am 5. Dezember die Kinder besucht, ist er, wie in Österreich, von Knecht Ruprecht begleitet, der die Kinder fragt, ob sie im vergangenen Jahr artig waren. Er trägt einen Ast bei sich, an dem in buntes Papier eingewickelte Süßigkeiten hängen. Er gibt den artigen Kindern davon, aber natürlich auch den anderen, denn seine Frage ist rein rhetorisch. Am 6. Dezember bekommen die Kinder von ihren Eltern Süßigkeiten und Früchte in ihren Strumpf.

«Ich hätte gerne einen schön fetten», sagt man in Tschechien, wenn man kurz vor Weihnachten auf dem Fischmarkt einen Karpfen für das Weihnachtsessen kauft. Dieser wird lebend nach Hause gebracht und in die Badewanne gesetzt, wo er umherschwimmt und die Kinder amüsiert, bis es Zeit zum Sterben wird. Es ist eine alte tschechische Tradition, an Heiligabend Fisch zu essen, weil das Weihnachtsessen Teil des Fastens war. Man glaubte, wenn man an diesem Tag lange genug faste, werde man eine «tanzende Fee» sehen.

Heute ist die Fee ganz vergessen und die Feiernden genießen nach der Fischsuppe als Starter einen köstlichen Karpfen. Dieser wird mit einer «schwarzen» Sauce serviert, die aus Damaszener Käse, Lebkuchenkrümeln, Trauben und Mandeln zubereitet wird. Ein Apfelkuchen nach überliefertem Rezept wird mit einer Platte Weihnachtsgebäck als Nachtisch serviert.

Schon lange vor Weihnachten, am St.-Barbara-Tag, dem 4. Dezember, haben die jungen Frauen Kirschbaumzweige zu Hause ins Wasser gestellt. Wenn die Zweige zu Weihnachten voller weißer Blüten sind, dann wird die junge Frau noch im kommenden Jahr heiraten. Blühen sie noch nicht, stellt dies weiter kein Problem dar – denn sie bringen der ganzen Familie Glück und Gesundheit.

HONIGLEBKUCHEN

500 g Dinkel- oder Weizenruchmehl/Mehltype 1050
2 EL Lebkuchengewürz
1 unbehandelte Orange, abgeriebene Schale
80 g Vollrohrzucker
1½ TL Natron
1½ dl/150 ml lauwarme Milch
250 g Honig

geschälte ganze Mandeln

zum Bepinseln
30 g Gummiarabikum (Drogerie)
½ dl/50 ml Wasser

Garnitur
Puderzucker
Verquirltes Eiweiß (2 EL je 50 g Puderzucker)

1 Mehl, Lebkuchengewürz, Orangenschalen und Zucker mischen. Natron in der lauwarmen Milch auflösen, zusammen mit dem Honig unter die Mehlmischung rühren, zu einem geschmeidigen Teig kneten. Je nach Beschaffenheit des Honigs braucht es noch etwas mehr Mehl. Den Teig in Klarsichtfolie einwickeln, etwa 1 Stunde kühl stellen.

2 Backofen auf 200 °C vorheizen. Das Backblech mit Backtrennpapier belegen.

3 Lebkuchenteig etwa 6 mm dick ausrollen, dann mittelgroße Herzen oder beliebige Formen ausstechen, auf das Blech legen. Mit den ganzen Mandeln garnieren.

4 Lebkuchenherze in der Mitte in den Ofen schieben, bei 200 °C etwa 15 Minuten backen. Auskühlen lassen.

5 Zum Aufspritzen der Puderzuckerglasur aus Backtrennpapier ein gleichschenkliges Dreieck zeichnen, ausschneiden und zu einer Tüte einrollen, den überlappenden Rand nach innen einschlagen, damit die Tüte zusammenhält. Wasser in kleinen Portionen unter den Puderzucker rühren, so dass eine eher dickflüssige Masse entsteht, in die Form füllen. Die Spitze abschneiden, nicht mehr als einen Millimeter. Beliebige Garnituren auf die Herzen spritzen, trocknen lassen.

Ob das kommende Jahr tatsächlich Glück bringen wird, kann man auch mit einem Apfel bestimmen. Der Apfel wird horizontal durchgeschnitten, und wenn das Kerngehäuse einen Stern bildet, so wird das kommende Jahr ein gutes sein. Sollte es ein Kreuz bilden, so ist das Schlimmste zu erwarten. Die weihnachtliche Stimmung darf darunter nicht leiden, was auch selten der Fall ist.

In Bulgarien isst man einen Fisch, der *Sharan* heißt, und mit Reis und frisch gebackenem Brot zu Ehren von St. Nikolaus serviert wird. Der Priester besucht die Häuser und segnet die Mahlzeit, bevor sie gegessen wird.

In Ungarn und im früheren Jugoslawien kennt man eine etwas handgreifliche Art, das Unglück von seinem Haus fern zu halten. Die Kinder und Jugendlichen treiben sich am 28. Dezember herum und schlagen die Erwachsenen mit Weidenästen, während sie Zaubersprüche aufsagen.
Auf diese Art machen sie die Erwachsenen gesund und munter, falls sie es noch nicht sind. Der Tag nennt sich in Ungarn der «Tag, um die Unschuldigen zu schlagen»; es ist auch der Tag, an dem man all der Heiligen gedenkt, die keinen eigenen Feiertag haben – eine Tradition, die sich auch in Spanien findet.

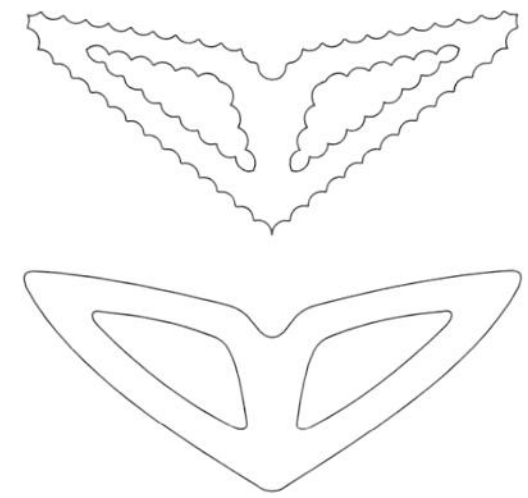

FRITTIERTE ENGELSFLÜGEL

170 g Dinkel- oder Weizenweißmehl/Mehltype 405
3 Eigelbe von Freilandeiern
1 TL Sauerrahm/saure Sahne
1 TL Zucker
1 TL Rum
1 Msp Salz
Frittieröl

Puderzucker zum Bestäuben

1 Aus Karton eine Schablone gemäß Zeichnung herstellen.
2 Mehl auf die Arbeitsfläche häufen, eine Vertiefung eindrücken. Eigelbe, Sauerrahm, Zucker, Rum sowie Salz verrühren, nach und nach in die Vertiefung geben, mit dem Mehl verkneten.
3 Den Teig halbieren, auf bemehlter Arbeitsfläche möglichst dünn ausrollen. Die Schablone auf den Teig legen, mit einem gezackten Teigrädchen Engelsflügel ausschneiden.
4 Das Frittieröl erhitzen, je Arbeitsgang 2 bis 3 Flügel ausbacken, auf Haushaltspapier zuerst abtropfen lassen. Mit Puderzucker bestäuben.

Ursprünglich hieß dieser Tag im Gedenken an die damals durch Herodes ermordeten neugeborenen Knaben in Bethlehem «Tag der unschuldigen Kindlein». In Erinnerung an sie durften die Kinder in der Kirche die Messe leiten und ihren eigenen Bischof wählen. Ihr Heiliger war St. Nikolaus.

Die Kinder durften für einen ganzen Tag über die Erwachsenen herrschen und erhielten viele Geschenke. So entwickelte sich der 6. Dezember langsam zu einem großen Kinderfest, dem St.-Nikolaus-Tag. An diesem Tag bekommen die Kinder Geschenke zur Ehre ihres Heiligen. Laut der Legende war Nikolaus ein großer Wohltäter und half jedem, der sich in Not befand; sogar Tote brachte er zum Erwachen. Langsam entwickelte sich St. Nikolaus selbst zu einem fröhlichen Spender von guten Sachen, so entstand die Figur des Weihnachtsmanns.

Sarajevo, Bosnien. Der Weihnachtsmann des isländischen «Peace Institute» besucht die Kinder des vom Krieg zerstörten ehemaligen Jugoslawien und bringt 100'000 von europäischen Schulkindern gespendete Geschenke mit

SÜSSLICHES HEFEBROT MIT NUSSFÜLLUNG

Teig

15 g Hefe
1,5 dl/150 ml lauwarme Milch
1 Eigelb von einem Freilandei
1 Msp Salz
50 g Zucker
250–300 g Dinkel- oder Weizenweißmehl/Mehltype 405

Füllung

125 g geriebene oder fein gehackte Baumnüsse/Walnüsse
100 g Zucker
1 unbehandelte Zitrone, abgeriebene Schale
1 TL Rum
1 Eiweiß

1 Die Hefe in der lauwarmen Milch auflösen, Eigelb, Salz, Zucker und Mehl nach und nach unterrühren, kneten, bis der Teig weich und elastisch ist. Die Schüssel zudecken, den Teig bei Zimmertemperatur 30 Minuten gehen lassen.

2 Für die Füllung Nüsse, Zucker, Zitronenschalen und Rum vermengen. Das Eiweiß steif schlagen und unterziehen.

3 Backofen auf 180 °C vorheizen. Die Springform einfetten.

4 Teig kurz durchkneten, auf bemehlter Arbeitsfläche zu einem Rechteck von 1 cm Dicke ausrollen. Die Füllung auf dem Teig ausstreichen, die Ränder frei lassen. Teig einrollen. Rolle in eine eingefettete Springform legen und zu einem Kreis schließen. Oder entsprechend kroatischem Brauch eine Spirale formen. 15 Minuten gehen lassen.

5 Nussbrot in der Mitte in den Ofen schieben, bei 180 °C 30 bis 35 Minuten backen. Aus der Form nehmen und erkalten lassen.

Afrika

Mehrere Länder südlich der Sahara gehören zu den ärmsten Ländern der Welt. Die Auswirkungen von Kriegen und anhaltenden Konflikten im Kongo, in Sierra Leone, am Horn von Afrika, in Angola und in Zimbabwe haben von der Bevölkerung ihren Tribut gefordert. HIV/Aids vermindert die Hoffnung auf Erholung noch weiter. Dennoch lassen es sich unzählige Afrikaner nicht nehmen, die Festtage im Kreis ihrer Verwandten und Freunde zu verbringen.

Die Kopten, die christliche Gemeinschaft Ägyptens, gehören der orthodoxen Kirche an und feiern Weihnachten jeweils am 7. Januar, wie dies auch bei den äthiopischen, derselben Kirche angehörenden Christen Brauch ist. Das Datum stammt aus dem «alten» orthodoxen Kalender. Konsequenterweise fällt Epiphanias, das Fest der Sichtbarwerdung Christi für die Weisen, auf den 19. Januar. Das Wort «Kopten» leitet sich vom griechischen Wort aigyptos ab; und dieses ist abgeleitet von Hikaptah, einem der Namen von Memphis, der ersten Hauptstadt des alten Ägypten.

Koptische Mönche lesen während der Weihnachtszeremonie
im Antoniuskloster auf der Sinai-Halbinsel vor

Weihnachten ist der Höhepunkt einer 40-tägigen Fastenzeit. Während des Fastens essen die Kopten weder Fleisch noch Geflügel noch Milchprodukte. Manche fasten jedoch nur gerade in der Woche vor dem 7. Januar. Von allen christlichen Gemeinschaften haben die Kopten die meisten Fastenzeiten. Sie fasten über 210 Tage auf die 365 Tage des Jahres. Während des Fastens sind keine tierischen Produkte (Fleisch, Geflügel, Fisch, Milch, Eier, Butter usw.) erlaubt. An Heiligabend gehen die Menschen nach der Mitternachtsmesse nach Hause und essen *Fata*, Ihr Festessen. Dieses besteht aus einer speziellen Mischung von Brot, Reis, Knoblauch und Siedfleisch. Am Weihnachtsmorgen besucht man traditionsgemäß Familie und Freunde. Gäste bringen eine spezielle Art von Plätzchen mit, und man isst und trinkt zusammen und bespricht die großen und die kleinen Ereignisse des vergangenen Jahres.

Viele der Kopten in Ägypten sind Händler und haben, um ihr Christentum in einem hauptsächlich muslimischen Land sichtbar zu machen, das ganze Jahr hindurch große Bilder von Maria und Jesus in ihren Läden hängen.

DATTELKLEINGEBÄCK

für 40 Stück

250 g weiche Butter
125 g Puderzucker
300 g Dinkel- oder Weizenweißmehl/Mehltype 405
20 große Datteln

1 Butter und Puderzucker zu einer luftigen, weißlichen Masse aufschlagen, Weißmehl zugeben, rasch zu einem Teig zusammenfügen, nicht kneten. Den Teig in Klarsichtfolie einwickeln, etwa 1 Stunde kühl stellen.
2 Backofen auf 180 °C vorheizen. Backblech mit Backpapier belegen.
3 Aus dem Butterteig etwa 40 gleich große Kugeln formen, auf das Blech legen. Die Datteln entsteinen und halbieren, jeweils eine halbe Dattel in die Teigkugel drücken.
4 Blech in der Mitte in den Backofen schieben, das Dattelgebäck bei 180 °C 12 bis 15 Minuten backen.

In Nigeria erhellt sich am 24. Dezember in vielen Gegenden der schwarze Nachthimmel mit grellfarbenen Feuerwerken. Am nächsten Morgen gehen die Leute in die Kirche und kehren nach dem Gottesdienst zurück nach Hause für das Weihnachtsessen. Sie essen Huhn und Reis mit viel Chili, manchmal auch Fisch. Bisweilen essen sie *Moin-moin,* schwarzäugige Bohnen mit Gemüse, in schmale Streifen geschnittene Leber, Pouletwürfel, kleine Stücke Fisch oder Crevetten zusammen mit einem hartgekochten, klein gewürfelten Ei. Alle Zutaten werden in große Blätter gewickelt und dann gekocht.

Die Palme ist in Nigeria ein Symbol des Friedens. Im Dezember werden darum in den Häusern und Kirchen geflochtene Palmblätter aufgehängt. Getanzte Darstellungen der Geburt Jesu, mit einer Puppe als Jesuskind, sind weit verbreitet. Nach dem Auftritt überreichen die Zuschauer den Tänzern Geschenke und nehmen die Puppe mit in die Kirche.

Die kommerzielle Seite von Weihnachten nimmt auch bei den Afrikanern, die über genügende Mittel verfügen, allmählich zu. Dennoch ist es in Nigeria immer noch üblich, die Gelegenheit für abstraktere Formen des Gabentauschs zu nutzen – etwa indem man alle Meinungsverschiedenheiten unter Familienmitgliedern oder Nachbarn beilegt.

POULARDE MIT ERDNÜSSEN

1 Poulet, ca. 1,2 kg
1½ TL grobes Salz
1½ TL fein gehackter Ingwer
Erdnussöl zum Braten
1 große Zwiebel, fein gehackt
4 geschälte Tomaten, in feinen Scheiben
50 g Tomatenpüree
50 g getrocknete Crevetten/Garnelen
2 Knoblauchzehen
1 Msp fein gehackter Ingwer
1 Msp getrockneter scharfer Chili oder Cayennepfeffer
1 Msp frisch gemahlener weißer Pfeffer
6–8 dl/600 800 ml heißes Wasser
1 rote Chilischote
100 g grobe Erdnussbutter
4 hart gekochte Freilandeier
12 frische Okras
frisch geriebener Ingwer

1 Das Poulet halbieren, jede Hälfte in 4 bis 5 Stücke portionieren, die Haut mit Salz und Ingwer einreiben. Die Pouletstücke in einem Brattopf in wenig Erdnussöl anbraten. Fleisch beiseite stellen.

2 Die Zwiebeln im Fleischtopf kurz andünsten, Tomatenscheiben mit dem Tomatenpüree zufügen und mitdünsten. Getrocknete Crevetten, Knoblauchzehen und Gewürze zufügen, bei starker Hitze 5 Minuten kochen. Heißes Wasser, Chilischote und Pouletstücke zufügen. Das Fleisch soll mit der Sauce gut bedeckt sein, bei schwacher 15 Minuten kochen. Die Erdnussbutter mit 1 dl/100 ml Wasser verdunnen, mit den Okras unter den Eintopf rühren, bei schwacher Hitze 40 bis 50 Minuten kochen. Das Fleisch soll zart sein und sich fast vom Knochen lösen. Nach Belieben nachwürzen.

3 Eintopf mit hart gekochten Eierhälften und frisch geriebenem Ingwer garnieren.

In Ghana ist ein großer Teil der Feiertage der Rückkehr ins Dorf der Vorfahren gewidmet und dem Besuch bei Familien und Freunden, und dies unabhänig von der Religion (oder der Abwesenheit derselben). Am späten Nachmittag des 24. Dezember essen die Ghanaer ihr Weihnachtsessen: Hähnchen, Lamm, Ziege oder Rind mit Reis und scharfen Gewürzen und zum Dessert frische Früchte. Später gehen viele in die örtliche Kirche, danach gibt es einen Umzug mit Musik durch das Dorf.

Der Weihnachtstag beginnt mit dem Frühstück aus zerdrückten Jamswurzeln und hart gekochten Eiern. Nach dem morgendlichen Kirchenbesuch bekommen die kleinen Kinder Geschenke. Es gibt Schokolade – eher importierte als einheimische, da etwas Importiertes ein wertvolleres Geschenk darstellt – und Plätzchen, vielleicht auch Schuhe als Geschenk vom Weihnachtsmann (der während der Kolonialzeit eingeführt worden ist). Alle wünschen einander *Afishapa*, was «frohe Weihnachten und ein gutes neues Jahr» bedeutet. Auf den Stadtplätzen blüht eine speziell große gelbe Blume, die sich «Feuer des Berges» nennt und nur während der Weihnachtszeit blüht. Für die Ghanaer symbolisiert sie das Wunder der Geburt Jesu.

Die Straßen der Stadt sind überfüllt, und es herrscht reges Treiben und Lärm. Die Leute ellbögeln, um den Karnevalsumzug der Jugendlichen in ihren fantastischen Kostümen zu sehen. Dieser möglicherweise vom Karneval in Brasilien inspirierte Brauch ist in Ghana ein Teil von Weihnachten geworden.

RINDFLEISCHEINTOPF MIT OKRA UND FUFU

800 g mageres Rindfleisch zum Schmoren
1 dl/100 ml Erdnussöl
2 große Zwiebeln
2 grüne Peperoni/Paprikaschoten
12 Okras
6 geschälte große Tomaten
Salz

Fufu
700 g Jamswurzeln oder Süßkartoffeln/Batate
½ l Wasser

1 Jamswurzeln schälen, dann klein würfeln, im Dampf weich garen. Durch das Passevite/die Flotte Lotte drehen. Das Püree mit Salz abschmecken. Mit nassen Händen etwa baumnuss-/walnussgroße Kugeln formen, in den Händen rollen, bis sie fest und glatt sind.
2 Rindfleisch in Streifen schneiden. Die Zwiebel schälen, halbieren und in Spalten schneiden. Die Peperoni halbieren und den Stielansatz und die Kerne entfernen, die Fruchthälften in große Quadrate schneiden. Bei den Tomaten den Stielansatz entfernen, die Gemüsefrüchte in Spalten schneiden.
3 Das Fleisch im Erdnussöl in Portionen anbraten, auf die Seite stellen. Zwiebeln und Peperoni in der Fleischpfanne in wenig Erdnussöl unter Rühren 5 Minuten dünsten. Tomaten zufügen, bei starker Hitze 3 bis 5 Minuten kochen. Rindfleisch zugeben, den Eintopf bei schwacher Hitze mindestens 90 Minuten kochen, bis das Fleisch sehr weich ist. Okras 15 Minuten vor Ende der Garzeit zugeben. Nach Belieben würzen.
4 Fufu in wenig Erdnussöl braten, zum Eintopf geben.

In Äthiopien heißt Weihnachten *Ganna*; es wird wie erwähnt am 7. Januar gefeiert. Alle erhalten vor der Kirche eine Kerze. Wenn die Kerze angezündet ist, geht man mit ihr drei Mal um die Kirche herum, eine aus dem Judentum stammende Tradition. Dann treten die Menschen in die Kirche und feiern die Messe, die bis zu 3 Stunden dauern kann. Anschließend spazieren die Leute zusammen durch die warme Nacht nach Hause, um das Weihnachtsessen einzunehmen.

Hausgemachte pfannkuchenähnliche Brote (*Injira*) sind ein wichtiger Teil des Festessens. Man benutzt sie als Teller sowie auch als eine Art Schöpflöffel. Das Menü beinhaltet meistens scharf gewürztes Hähnchen *(Doro wat)*, das mit gedämpftem Gemüse in einem flachen Körbchen serviert wird. Es wäre undenkbar, Schweinefleisch zu essen, da die äthiopische christliche Kirche die gleichen Speisevorschriften kennt wie die orthodoxen Juden.

Weihnachtsgeschenke sind in Äthiopien nicht so wichtig. Normalerweise bekommen nur die Kinder Geschenke, und es sind zumeist nützliche Dinge wie Kleider, nicht Spielsachen wie in anderen Ländern.

TOMATENSALAT

4 große, feste Tomaten

Sauce
1 EL Zitronensaft
½ TL Chilipulver oder Cayennepfeffer
1 Msp Salz
2–3 EL natives Olivenöl extra

fein gehackte Schalotten

1 Die Tomaten an der Spitze kreuzweise einschneiden, in einem Schaumlöffel in kochendes Wasser tauchen, bis sich die Haut löst. Die Gemüsefrüchte schälen, vierteln und entkernen, den Stielansatz entfernen, die Viertel klein würfeln.

2 Die Sauce zubereiten, die Tomaten zufügen, vermengen, 30 Minuten marinieren. Mit den Schalotten bestreuen.

Priester mit Kreuz während der Weihnachtsprozession in Lalibela, Äthiopien

In Uganda können die Vorbereitungen für das Weihnachtsmahl fast einen ganzen Tag dauern, da das Hauptgericht mehrere Stunden kochen muss. Dieses Gericht heißt *Matoke*; es wird aus Hähnchen, Erdnusssauce, Bohnen, Kartoffeln und Reis zubereitet und mit gebackenen zerdrückten Bananen in Bananenblätter gewickelt.

Die Christen in Uganda gehen am 24. Dezember um Mitternacht zur Kirche, in ihren besten Kleidern. Die Frauen zeigen sich in neuer Kleidung, in gemusterten Gewändern in den leuchtendsten Farben und mit speziellen Gürteln. Auch die Kinder sind zurecht gemacht und tragen weiße Kniesocken.

Nach der Mitternachtsmesse setzt sich dann die Familie zusammen und genießt das Mahl, denn Fleisch gibt es nicht jeden Tag. Die Kinder bringen manchmal den ärmeren Leuten im Dorf etwas zu essen. Alle müssen in der Weihnachtsnacht gut speisen, um die Geburt Jesu zu feiern.

Nach dem Essen gibt es Geschenke – meistens um einiges bescheidenere als die großzügigen Gaben, die im Westen üblich sind. Es werden hauptsächlich Alltagsgegenstände als Weihnachtsgeschenke getauscht: etwa ein Stück Seife, ein Paar Strümpfe, Lebensmittel. Am nächsten Morgen gibt es ein Frühstück, etwa gebratene Leber und Kartoffeln, Brot,Tomaten mit Maniokwurzeln. Dazu wird erfrischender Kardamom-Tee getrunken. Im Verlauf des Tages gehen die jungen Leute im Dorf umher und singen Weihnachtslieder auf Englisch oder in einer der einheimischen Sprachen, zum Beispiel Teso, Luyia oder auch Swahili.

In Kenia wird es an den Bushaltestellen vor Weihnachten zunehmend hektisch, da die Menschen in ihre Dörfer zurückkehren, um mit ihren Familien zu feiern. Manchmal müssen sie stundenlang in den heißen und überfüllten Bussen sitzen. Doch all das ist schnell vergessen, wenn die Feierlichkeiten beginnen. Am Weihnachtstag auf dem Weg zur Kirche, neu oder zumindest möglichst schön gekleidet, grüßen die Leute ihre Freunde und Bekannten, die sie manchmal das ganze Jahr über nicht gesehen haben. Während die Glocken erklingen, mischt sich der feine Duft von gegrilltem Fleisch mit den Stimmen, die einander Frohe Weihnachten auf Swahili wünschen: «*Sikukuu njema ya Krismasi*».

Für das Weihnachtsessen werden je nach Wohlstand der Familie Hühner, Schafe, Ziegen und Kühe geschlachtet. Das Grillfleisch nennt sich *Nyama choma* und wird mit *Ugali*, Getreidebrei oder *Pilau*, würzigem Reis, serviert. Das ganze Essen wird auf einer riesigen Platte angerichtet, um die man herumsitzt. Gegessen wird mit den Fingern.

Wie bereits erwähnt, spielen teure Geschenke während der Festtage für viele Leute in Afrika keine zentrale Rolle, da sich die meisten Überflüssiges nicht leisten können. Vielleicht bekommen die Kinder neue Kleider, doch dabei bleibt es. Aber keiner lässt sich dadurch die Stimmung verderben; es herrscht eine ausgelassene Atmosphäre.

Weiter im Süden spiegelt die Weihnachtstradition auch die koloniale Vergangenheit wider. In Zimbabwe hängen im Dezember schwarze Puppen mit weißen Bärten und den dazu passenden roten Kleidern als Weihnachtsmänner in den Supermärkten und an den Bushaltestellen.

Lange vor Weihnachten beginnen die Leute damit, Konfitüre, Tee und Zucker für die Festtage zu sparen. Das Hauptgericht kann etwa aus gebratener Kuh oder Ziege mit Maisbrei bestehen.

In Namibia essen die Menschen gegrilltes Schweinefleisch oder Poulet/Hähnchen mit Salat und tauschen am 24. Dezember bei Sonnenuntergang kleine Geschenke aus.

Vor 300 Jahren haben die Holländer ihre reformierte Kirche mit nach Südafrika gebracht, wo sie heute noch die Hauptkirche sowohl für die (weißen) Afrikaander wie für die „farbigen" Menschen ist. Viele schwarze Christen in Südafrika sind Methodisten oder gehören zionistischen Kirchen an.

Weihnachten wird hauptsächlich nach europäischen Bräuchen gefeiert – dies vor allem in den Geschäften –, doch das Festessen kombiniert europäische und afrikanische Elemente. Es kann etwa Folgendes beinhalten: im Teig gebackenen Fisch mit Rosengelee, Melonensuppe, gebratene Gans, geräucherten Schinken und Antilope (z. B. Springbock). Zum Dessert kann es Meringue aus Straußeneiern (1 Straußenei entspricht 12 Hühnereiern) oder mit Cognac flambierten Weihnachtspudding geben.

In manchen Städten sind die Straßen geschmückt, und trotz der hohen Temperaturen (oft über 30 °C) kann der Weihnachtsmann mit seinem Bart und in seinem roten Mantel gesichtet werden. Die Sonne ist in dieser Jahreszeit am hellsten, was den Weihnachtsschmuck tagsüber ein wenig armselig aussehen lässt. Um so prachtvoller leuchten die Lichter aber in der Dunkelheit.

Das kleine Mädchen aus White City, Soweto, Südafrika, bewundert während des weihnachtlichen Gesangs das Kerzenlicht

Naher Osten

Der Nahe Osten, insbesondere Palästina, ist der Schmelztiegel dreier Weltreligionen: Islam, Christentum und Judentum. Die Gegensätze innerhalb der einzelnen Länder sind indessen nicht so groß, wie manche denken mögen.

Christliche Gemeinschaften finden sich im Libanon, in den Autonomiegebieten Palästinas und in Israel. Und natürlich leben in Israel neben den Juden auch viele Moslems.

CAIRO AMMAN BANK
TOURIST INFORMATION OFFICE
LA POSTE

Bethlehem, 24. Dezember. Christliche Pilger auf dem Manger-Platz in der Nähe der Geburtskirche

Bethlehem ist das christliche Pilgerzentrum im Nahen Osten, einer Region, die ansonsten stark durch die jüdische und die muslimische Religion geprägt wird. Viele bekannte Orte sind sowohl den Christen wie den Juden und den Moslems heilig und haben dadurch für jahrelange Konflikte gesorgt.

Der muslimische PLO-Führer Yasser Arafat hat früher regelmäßig an Weihnachten Bethlehem als Zeichen des Friedens besucht, doch in den Jahren 2001 und 2002 ist er von Israel daran gehindert worden.

Tausende Pilger kommen jede Weihnacht in der Geburtskirche in Bethlehem zusammen. Diese wurde an dem Ort gebaut, wo man glaubt, dass Jesus geboren wurde. Ein silberner Stern markiert den Ort, den 15 silberne Lampen Tag und die Nacht erleuchten. Der Stern ist von den Worten umgeben: «Hier gebar dic Jungfrau Maria Jesus Christus».

LATKES

Kartoffelpfannkuchen

für 2 Personen als Hauptmahlzeit

400 g mehlig kochende Kartoffeln
2 Eigelbe von Freilandeiern
1 EL Doppelrahm/Crème double
1 EL gehackte Petersilie
Kräutersalz
frisch gemahlener schwarzer Pfeffer
natives Olivenöl extra zum Braten

1 Kartoffeln schälen und auf der Röstiraffel reiben, Kartoffelstreifen gut ausdrücken, den Saft auffangen. Kartoffelsaft stehen lassen, damit sich die Stärke setzen kann, dann die Flüssigkeit abgießen.
2 Kartoffeln, Eigelbe, Doppelrahm, Petersilie und Kartoffelstärke vermengen, mit Kräutersalz und Pfeffer würzen.
3 Olivenöl in einer Bratpfanne nicht zu stark erhitzen. Aus der Kartoffelmasse bei mittlerer Hitze langsam 8 Küchlein braten, auf jeder Seite 3 bis 4 Minuten.

Bethlehem, Manger-Platz. Weihnachtsdekorationen bei der Geburtskirche

Bethlehem. Eine Jesus-Puppe liegt auf dem Stern, welcher den Standort markiert, an dem nach christlichem Glauben Jesus geboren worden ist

Nach der Weihnachtskommunion am Abend des 24. Dezember wird eine Figur von Jesus in eine Krippe neben dem Stern gelegt. Danach gehen die Menschen in die Felder bei Bethlehem, wo in einer sternenklaren Nacht vor über 2000 Jahren Hirten die Nachricht von der Geburt Christi erhielten.

Für eine kurze Zeit scheint die Zeit stehen geblieben zu sein: Die Felder liegen da, wie sie es schon immer getan haben. Der Himmel wölbt sich über den Häuptern der Gläubigen. Weit weg hört man Schafe und ihre Hirten, die zu ihren Herden schauen, wie es schon ihre Vorfahren vor Tausenden von Jahren taten.

Die Christen im Heiligen Land feiern den Heiligabend an mindestens drei verschiedenen Daten: am 24. Dezember mit den Protestanten, den Katholiken, den Griechisch-Orthodoxen und den syrischen Kirchen, am 7. Januar mit den Kopten und am 17. Januar mit den Armeniern.

Gewürzter Truthahn mit Muskatnuss und Zimt, mit einer Füllung aus Pinienkernen, Mandeln und Reis, ist als Festessen sehr beliebt.

Beirut, Libanon. Ein großer Weihnachtsbaum steht vor einer Moschee im Stadtzentrum, die nach dem Bürgerkrieg von 1975–1990 zur Zeit wieder aufgebaut wird

Zwei Wochen vor Weihnachten hüllen die Christen im Libanon und seiner Umgebung Weizenkörner, Bohnen, Linsen und Erbsen in ein Stück Watte. Die kleinen Triebe werden für die Herstellung von kleinen, feinen Bildern verwendet, welche die Geburt Jesu darstellen.

Christen, welche in stränggläubigen muslimischen Ländern wie etwa Saudi-Arabien leben, feiern Weihnachten privat zu Hause.

COUSCOUS DESSERT

150 g Couscous
3 dl/300 ml Wasser
125 g weiche getrocknete Feigen
8 entsteinte Datteln
1 kleines Glas eingemachte Aprikosen
75 g Baumnüsse/Walnüsse oder Pistazien
3 EL flüssiger Honig
½–1 EL Rosenwasser
1 TL Zimtpulver
Zucker

1 Couscous mit dem kochenden Wasser übergießen, 15 Minuten zugedeckt quellen lassen.
2 Feigen und Datteln in Streifchen schneiden, abgetropfte Aprikosenhälften halbieren oder dritteln, Nüsse grob hacken. Rosenwasser, Honig, Zimt und ein Teil des Aprikosensirups verrühren, Früchte, Nüsse und Couscous zufügen, mischen.

Dezember in Teheran, Iran. Ein Kind zündet während einer religiösen Zeremonie in der Sarkiss-Kirche eine Kerze an

Asien

Eine der beiden Weihnachtsinseln befindet sich in Asien: Jene, die im Indischen Ozean liegt. Kapitän William Myrnos gab ihr den Namen am 25. Dezember 1643. Die Bevölkerung ist hauptsächlich buddhistisch, doch das Weihnachtsfest wird gefeiert wie auch das Chinesische Neujahr und die muslimischen Feste. Die andere Weihnachtsinsel liegt in Mikronesien (siehe Australien und Ozeanien).

Asien hat seine eigenen großen Religionen; Hinduismus und Buddhismus sind die bedeutendsten davon. Indonesien, Pakistan sowie Bangladesch sind hauptsächlich muslimisch. Doch es blühen auch christliche Gemeinden, vor allem in den ehemals englisch regierten Gebieten wie Indien, aber auch in China und Japan. In Indien hat das Christentum vor allem Menschen aus Schichten angesprochen, die von den oberen Kasten an den untersten Rand der Gesellschaft gedrängt wurden.

Die Region ist von einigen der ärmsten Menschen dieser Welt bevölkert – Afghanistan war schon lange vor den Taliban und dem Krieg des Westens gegen den Terrorismus ein sehr armes Land. Doch die Menschen, die in Asien Weihnachten feiern, verbringen ein paar Tage mit Freunden und Familie und vergessen ihre Probleme für eine Weile.

Der Hill Street Market bietet alles, was man für eine unvergessliche Weihnachtsfeier braucht

Auf den Philippinen: Kinder führen anlässlich der Mitternachtsmesse in Balbalassan ein Krippenspiel auf

In Indien werden die Kirchen mit roten Blumen geschmückt (meistens Weihnachtssterne), und auch Mango- und Bananenbäume werden dekoriert. Diese Jahreszeit ist die große Zeit des Feierns für das Santal-Volk im nordöstlichen Indien am Fuß des Himalaja. Die Santal-Christen nennen Heiligabend den «Abend vor dem Großen Tag». Viele Menschen gehen an diesem Abend in die von Kerzen erleuchtete Kirche und nehmen ihre Akkordeons und ihre handgemachten Flöten mit. Nach der Predigt spielen die Musiker ihre eigenen Melodien. Nach dem Gottesdienst stehen die Leute herum und bewundern gegenseitig ihre Garderobe: die neuen Saris der Frauen in Smaragdgrün oder in leuchtendem Pink, die sich auf ihrer dunklen Haut sehr vorteilhaft ausmachen. Die Männer tragen lockere Hemden lässig über der Hose.

Der 25. Dezember ist der «Große Tag». Die Kinder schmücken das Haus mit Papiergirlanden. Und ein Poulet/Hähnchen wird für das Festessen nach der Kirche vorbereitet. Am Abend besucht man einander, trinkt Tee, singt weihnachtliche Lieder und spielt Musik. Wer anschließend zur Mitternachtsmesse geht, welche über 3 Stunden dauern kann, trägt schöne Kleider und kostbaren Schmuck. Das Haar wird geölt, damit es glänzt; die Mädchen tragen Bänder und Blumen in ihren Zöpfen. Die Atmosphäre ist festlich und erwartungsvoll. Und zu Hause wartet ein Festessen, das am Tag zuvor zubereitet worden ist.

KHIER

Indischer Reispudding

1 l Milch
75 g Rundkornreis für Milchreis
1 Gewürznelke
½ Zimtstange
½–1 TL Kardamompulver
1 Prise Salz
40 g Rosinen
30 g geschälte, geriebene Mandeln
1 EL Rosenwasser
30 g geschälte, gehackte Mandeln
Zucker

1 Milch, Reis, Gewürze sowie Salz aufkochen, bei schwacher Hitze unter zeitweiligem Rühren kochen, bis die Reiskörner weich und die Milch sämig eingekocht ist. Rosinen sowie geriebene Mandeln etwa 10 Minuten vor Ende der Garzeit unterrühren. Gewürznelke und Zimtstange entfernen.

2 Die gehackten Mandeln und das Rosenwasser unterrühren, nach Belieben süßen.

Die Krönung des Mahls kann ein gemästetes Schwein sein, das mit stark gewürztem Reis serviert wird, dazu süßer Tee als Getränk. Aus Reismehl bäckt man Pfannkuchen, die mit Zucker und anderem sowie Gewürzen gefüllt werden. In den Kirchen werden am Heiligabend geflochtene Äste an die Decken gehängt als Zeichen dafür, dass es ein Feiertag ist, wie an einer Hochzeit.

In Südindien stellen die Christen kleine Tonlampen auf ihre Dächer und Mauern, wie es die Hindus während des Diwali-Festes tun.

In den Dörfern Bangladeschs feiert man Weihnachten, indem man Bananenbäume ausgräbt und sie am Wegrand zur Kirche wieder einpflanzt. Die Äste werden zu einem Bogen gespannt und beleuchtet, um den Weg zur Kirche zu erhellen.

Anfang Dezember sind die Häuser in den Großstädten Chinas mit Papierlaternen beleuchtet, die wie kleine glühende Töpfe aussehen. Die Warenhäuser sind wie im Westen aufwändig dekoriert. Weihnachten ist in China kein Feiertag, die Geschäfte sind offen.

Trotz gewaltsamer Verfolgung zu Zeiten Maos gibt es heute in China bei einer Bevölkerung von rund 1'260 Millionen etwa 100 Millionen Christen, wobei beide Zahlenwerte ständig wachsen.

Der chinesische Weihnachtsmann wird *Dun Che Lao Ren* genannt; das bedeutet «Alter Mann Weihnacht». Wie sein europäischer Kollege stopft auch er den Kindern Geschenke in die für ihn hinausgelegten Strümpfe. Die offizielle Einkind-Politik hat zur Folge, dass die allermeisten Familien klein sind, was für das eine Kind viele Geschenke bedeutet. Auch Nicht-christen feiern diese Jahreszeit mit festlichen Vorbereitungen zu Ehren ihrer Vorfahren.

Weihnachtsbäume, auch «Lichtbäume» genannt, werden am 24. Dezember mit farbigen Papiergirlanden und Blumen sowie Miniaturversionen der Laternen vor dem Haus dekoriert.

Beijing, China. In der 350 Jahre alten Nantang-Kathedrale betet ein chinesischer Junge während der Mitternachtsmesse in der Nacht vom 24. auf den 25. Dezember

Nichtchristliche Chinesen nennen diese Jahreszeit das Frühlingsfest und begehen es mit einer Reihe von Feierlichkeiten, so mit Besuchen bei Freunden sowie Bekannten, opulenten Mahlzeiten, dem Überreichen von Geschenken an die Kinder und dem Bestaunen von fantastischen Feuerwerken.

Singapur hat eine der spektakulärsten Weihnachtsfeiern der Welt, auch wenn die meisten der dort lebenden Chinesen – sie sind in der Mehrheit – nicht Christen sind. Alle Menschen, auch die Inder, Malaysier und Europäer, feiern Weihnachten auf der prachtvoll dekorierten Insel mit großer Freude. Die öffentlichen Feierlichkeiten stehen der Las-Vegas-Version von Disneyland in nichts nach, mit farbigen, blinkenden Lichtern und künstlichem Schnee. Bunte elektrische Lichtgirlanden säumen den Weg des Weihnachtsmanns mit seinem roten Hut, während die Masse ein ohrenbetäubendes «Jingle Bells» schmettert.

Ein typisches chinesisches Weihnachtsessen besteht etwa aus einem schmackhaftem Poulet/Hähnchen und Maissuppe.

MARINIERTES SCHWEINEFLEISCH MIT GEMÜSE

500 g Schweinefleisch vom Nierenstück
1 EL flüssiger Honig
2 EL Hoisinsauce (Pekingsauce)
2 EL gelbe Bohnenpaste
4 EL Sojasauce
6 EL Zucker
1 EL Reiswein oder Sherry
1 TL Salz

Kurzgebratenes Gemüse
2 EL Erdnussöl
200 g Pak Choi oder Chinakohl
2 rote Chilischoten
25 g getrocknete Shiitake
150 g Austernpilze
Salz
Sojasauce

1 Schweinefleisch in eine ofenfeste Schüssel legen. Zutaten für die Marinade verrühren, das Feisch damit einpinseln. Im Kühlschrank 4 Stunden marinieren.

2 Die getrockneten Pilze 30 Minuten in lauwarmem Wasser einweichen.

3 Den Backofen auf 190 °C vorheizen. Das Fleisch in der Mitte einschieben, etwa 50 Minuten schmoren lassen, ab und zu mit der Marinade beträufeln. 10 Minuten vor Ende der Garzeit mit dem flüssigen Honig einpinseln.

4 Getrocknete und frische Pilze, Pak Choi oder Chinakohl in Streifen schneiden. Chilischoten längs aufschneiden, entkernen, in Streifchen schneiden. Wenig Erdnussöl in einem Wok oder in einer Rührbratpfanne erhitzen, Pak Choi und Chili unter Rühren knackig dünsten, mit Salz würzen, warm stellen.
Die Pilze in der Gemüsepfanne in wenig Erdnussöl 1 bis 2 Minuten rührbraten, mit Sojasauce würzen.

5 Fleisch in Scheiben schneiden, mit Gemüse und Pilzen anrichten.

Auch in Japan wird Weihnachten in weiten Kreisen der Bevölkerung gefeiert, obwohl nur ein Hundertstel der 126 Millionen Einwohner Christen sind. Dies ist vor allem eine Folge des amerikanischen Einflusses nach dem Zweiten Weltkrieg und des Aufstrebens der Industrie, die viel Plunder für den Export in die westlichen Märkte herstellt. Ein Besucher des Landes könnte glauben, dass Weihnachten hier so allgemein gefeiert wird wie im Westen. Weihnachten hat jedoch vor allem kommerziellen Charakter; die Japaner haben die Tradition des Geschenketauschens mit Begeisterung übernommen und nehmen sie äußerst ernst. Auch nebenstehendes Kuchenrezept ist ein aus Amerika übernommener Christmas-Cake.

Die japanischen Kinder haben einen Weihnachtsmann namens *Hoteiosha*. Er hat Augen im Hinterkopf und kann sich an den während des ganzen Jahres begangenen Unfug erinnern. An Heiligabend kommt er mit Geschenken. Glücklicherweise ist bis jetzt noch keinem Kind nur wegen schlechten Benehmens ein Geschenk verweigert worden.

Japanische Schulkinder haben in den letzten Jahren Tausende von Friedensvögeln an andere Kinder auf der ganzen Welt verschickt. Diese Schwäne aus gefalztem Papier werden mit dem Wunsch verschickt, dass es nie wieder einen Weltkrieg geben möge.

WEIHNACHTSKUCHEN

für eine Springform von 24 cm Durchmesser

Biskuitboden
60 g Zucker
3 Freilandeier
2 Eigelbe von Freilandeiern
40 g weiche Butter
40 g Weizen- oder Dinkelweißmehl/Mehltype 405
40 g Maisstärke
1 EL Backpulver

½ l Rahm/süße Sahne
Zucker
Vanillepulver
Beeren oder Saisonfrüchte

1 Rand der Springform einfetten, den Boden mit Backpapier belegen.
2 Backofen auf 180 °C vorheizen.
3 Zucker, Eier, Eigelbe und Butter mit dem Schneebesen sehr luftig aufschlagen, 15 Minuten oder länger. Mehl, Maisstärke und Backpulver mischen, in 2 bis 3 Malen vorsichtig unter die Eiermasse heben. Den Teig in die Form füllen und glatt streichen.
4 Die Form in der Mitte in den Ofen schieben, das Biskuit bei 180 °C 35 Minuten backen. Den Rand lösen, das Biskuit auf eine Platte stürzen, erkalten lassen.
5 Rahm steif schlagen und nach Belieben süßen, mit dem Vanillepulver aromatisieren.
6 Biskuit mit einem scharfen Messer horizontal halbieren, die Hälfte des Schlagrahms darauf ausstreichen, mit klein geschnittenen Früchten dicht belegen, Biskuitdeckel darauf legen, mit dem restlichen Schlagrahm überziehen. Nach Belieben mit Früchten garnieren und bis zum Servieren kühl stellen.

Der Dezember wird auf Japanisch *Shiwasu* genannt, was «sogar die Lehrer rennen» bedeutet – es ist ein arbeitsreicher Monat mit vielen Vorbereitungen für das buddhistische Neujahrsfest. Eine sehr beliebte japanische Weihnachtstradition nennt sich *Daiku* oder «Die große Neunte». Dies als Verweis auf die Neunte Sinfonie von Beethoven, deren Schluss von den Chören mit lauten Stimmen gesungen wird und viele Plätze mit magischem Klang erfüllt, vor allem beim kraftvollen Finale.

Manche Japaner räumen am 2. Februar den Weihnachtsbaum ab, um sich so von den Dämonen zu befreien, die den Winter im Haus verbracht haben. An die Haustür hängen sie als Zeichen des Frühlings einen Adlerkopf.

In anderen Teilen Asiens wird Weihnachten viel stiller gefeiert. Jedoch haben auch das buddhistische Thailand und das muslimische Malaysia wie Japan die Einkaufsbräuche mit geschmückten Warenhäusern und Geschäften übernommen. Einige Kirchen halten Mitternachtsmessen ab. In Thailand nennt man das Schmücken des Weihnachtbaums in der Kirche *Soi Dao*. Ein prachtvoller Stern wird im Gedenken an den Stern, der die Weisen nach Bethlehem geführt hat, durch die Kirche getragen.

ENTE AN ROTER CURRYSAUCE

Rote Currypaste (für 12 EL)
1 TL Koriandersamen
1 TL Kreuzkümmelsamen
10 getrocknete rote Chilischoten
6 Schalotten
6 Knoblauchzehen
2 cm Galangawurzel
½ Kaffirlimette
1 TL Garnelenpaste

2 EL Erdnussöl
500–600 g Entenbrust
3 TL rote Currypaste
10 Cherrytomaten
200 g kleine grüne Auberginen (Asienladen)
4 Kaffirlimettenblätter
2 Ananasscheiben aus der Dose, geviertelt
½ l Kokosnussmilch
1,2 dl/120 ml Hühnerbrühe
2 EL Fischsauce
1 Prise Salz
Zucker
3 rote Chilischoten

1 Für die Currypaste Koriander und Kreuzkümmel in einer Bratpfanne trocken hellbraun rösten (nicht zu stark, sonst werden die Gewürze bitter), auskühlen lassen. Chilischoten entkernen, 10 Minuten in warmem Wasser einlegen, abtropfen lassen, von Hand oder im Cutter fein hacken. Schalotten, Knoblauchzehen und Galangawurzel schälen und ebenfalls – von Hand oder im Cutter – möglichst fein hacken. Die Schale der Kaffirlimette abreiben. Alle Zutaten zu einer Paste rühren.

2 Entenbrust in Längsrichtung zuerst in etwa 1 cm dicke Scheiben, diese in Streifen schneiden (wie für ein Stroganoff).

3 Erdnussöl im Wok oder in der Rührbratpfanne erhitzen, rote Currypaste zufügen und andünsten. Fleischstreifen zufügen und kräftig anbraten. Auberginen, Tomaten sowie Kaffirlimettenblätter zufügen, unter Rühren 5 Minuten dünsten. Nun Ananas zufügen. Kokosnussmilch mit der Hühnerbrühe gut verrühren, zufügen, einige Minuten köcheln lassen. Mit Fischsauce, Salz und Zucker, abschmecken. Mit Chilistreifen garnieren.

Tipp Mit Wasserreis servieren.

Hanoi, Vietnam: Zwei Vietnamesinnen verkaufen Weihnachtsdekorationen

Obwohl die Hauptreligionen Vietnams Buddhismus, Konfuzianismus und Taoismus sind, sind während der französischen Kolonialzeit viele Menschen zum Christentum übergetreten. Weihnachten wird parallel mit drei anderen wichtigen Ereignissen gefeiert: dem Wesak-Tag (Buddhas Geburtstag), dem Beginn des Mondjahres und dem Mitte-Herbst-Fest.

Die meisten Leute essen an Heiligabend eine heiße Hühnersuppe, während bei den Wohlhabenderen gefüllte Ente und ein nach westlicher Art zubereiteter Weihnachtspudding auf den Tisch kommen.

Die Philippinen sind das einzige vorwiegend christliche Land in dieser Weltgegend. Weihnachten wird an Heiligabend mit lauten Feuerwerken angekündigt. Am 16. Dezember stehen die Bewohner der Insel um vier Uhr morgens auf, um zur Messe zu gehen.

Während der folgenden Tage ziehen Gruppen von jungen Menschen von Stadt zu Stadt, führen Szenen aus dem Leben Christi auf und spielen Musik auf handgemachten Instrumenten.

Ein Höhepunkt der Weihnachtsfeierlichkeiten ist der große Umzug mit Laternen aus farbigen Muscheln, die in einer Prozession durch die Straßen getragen werden.

Nicht viele können sich zu Weihnachten einen echten immergrünen Baum leisten. Darum werden viele Weihnachtsbäume aus farbig bemalten Ästen aller Größe hergestellt. Am 25. Dezember wird Weihnachten gefeiert. Nach einer festlichen Mitternachtsmesse schlendern die Menschen nach Hause und genießen den Sternenhimmel.

Die Frauen (und hoffentlich auch einige Männer) haben den Tag damit verbracht, ein großes Buffet vorzubereiten, das man *Noche Buena*, «die gute Nacht», nennt. Das Essen besteht aus Hähnchen, Reissuppe, Eierbrötchen, mit Schinken gefülltem Fisch, Nudelgerichten, Früchten und jeder Menge Desserts.

Eines der populärsten ist *Bibingka,* ein Pfannkuchen aus Reismehl, Käse und Eiern. Serviert werden die Pfannkuchen auf Bananenblättern, dekoriert mit Kokosnuss und braunem Zucker. Dazu gibt es Ingwertee.

KOKOSNUSS-PFANNKUCHEN

Pfannkuchenteig
90 g Dinkel- oder Weizenweißmehl/Mehltype 405
1 EL Zucker nach Belieben
1 Prise Salz
2 Freilandeier
2 dl/200 ml Milch
Butter zum Braten

Kokosnussfüllung
2 EL Butter
125 g Vollrohrzucker
4 dl/400 ml frisch geriebenes Kokosnussfleisch

Puderzucker

1 Für den Teig Mehl, Zucker, Salz, Eier sowie Milch gut verrühren, Teig 30 Minuten ruhen lassen.

2 In einer beschichteten Bratpfanne in wenig Butter 8 hauchdünne Pfannkuchen braten.

3 Backofen auf 200 °C vorheizen. Eine Gratinform einfetten.

4 Für die Füllung Vollrohrzucker mit der Butter bei mittlerer Hitze unter ständigem Rühren schmelzen. Das Kokosnussfleisch zufügen und bei schwacher Hitze kochen, bis die Masse fast trocken ist.

5 Kokosnussfüllung auf die Pfannkuchen streichen, auf zwei Seiten den Pfannkuchen über die Füllung legen, dann von der anderen Seite zu einem Päckchen einschlagen. Die Päckchen in die eingefettete Form legen, großzügig mit Puderzucker bestreuen. Pfannkuchen bei 200 °C 10 Minuten aufwärmen. Sofort servieren.

Australien Ozeanien

Im Jahr 1770 kam Kapitän James Cook in diesen Teil der Welt und erreichte um 1777 die Weihnachtsinsel, die heute ein Teil von Kiribati ist. Australien war nach der Ankunft Cooks bis 1900 eine englische Kolonie und stark durch die anglikanische Kirche beeinflusst. Seit der Unabhängigkeit jedoch haben sich in Australien Menschen von über hundert Nationalitäten niedergelassen und auch ihre religiösen Traditionen mitgebracht.

In Australien versammeln sich die Menschen zu Weihnachtsliedern bei Kerzenlicht. Hier sehen wir die Myer-Musikarena an Heiligabend

Wegen den vielen Immigrantengemeinschaften gibt es keine eigentliche australische Art, Weihnachten zu feiern, und doch tritt in Bezug auf das Festessen, die Weihnachtskarten und die Dekorationen eine nationale Identität zu Tage.

Gerade zur Weihnachtszeit steht in Australien der Weihnachtsbusch (*Ceratopetalum gummiferum*) in voller Blüte. Er kann bis zu zehn Meter hoch werden und ist mit kleinen roten Blumen bedeckt, was in den Gärten einen farbenfrohen Hintergrund für die Weihnachtseinladungen schafft.

Das Sommerwetter mit Temperaturen um die 30 °C hat besondere saisonbedingte Traditionen am Strand inspiriert. Weißer Schaum umhüllt den Wasserskifahrer, so dass man ihn nicht deutlich sehen kann. Und die Kinder am Strand jubeln: «Santa, Santa!». Es ist unmöglich, bei dieser Geschwindigkeit den Unterschied zwischen Schaum und weißem Bart zu erkennen, dermaßen schnell fliegt der australische Weihnachtsmann über das Wasser.

Es ist der 25. Dezember und die Kinder sind schon seit der Dämmerung auf den Beinen, um die Strümpfe zu leeren, die der Weihnachtsmann mit Geschenken gefüllt hat. Zu Hause wartet die ganze Familie auf das Weihnachtsessen. Das ursprüngliche Menü war Truthahn oder Ente mit gebratenen Kartoffeln und Früchtekuchen mit Rahmhaube. Doch wer mag schon bei Temperaturen von über 30 °C so schwere Kost zu sich nehmen? Und so haben viele Australier den warmen Truthahn durch ebenso köstliche kalte Gerichte ersetzt:

GEKÜHLTES POULET

1 Poulet/Hähnchen, 1,2 kg
2 Schalotten/Frühlingszwiebeln
5 cm Ingwerwurzel
Eiswürfel

1 Das Poulet in einen großen Kochtopf geben, knapp mit kaltem Wasser bedecken. Geschälte Schalotten und geschälten Ingwer zufügen, aufkochen, bei mittlerer Hitze rund 20 Minuten kochen, den Schaum ab und zu abschöpfen. Das Poulet auf der ausgeschalteten Wärmequelle zugedeckt auskühlen lassen.
2 Ein großes sauberes Waschbecken mit eiskaltem Wasser füllen, so viel Eiswürfel zugeben, dass das Wasser fast gefriert. Das Poulet aus dem Topf nehmen (die Haut nicht beschädigen) und für etwa eine Stunde in das Waschbecken legen. Es sollte ganz bedeckt sein mit dem Eiswasser. Herausnehmen und bis zum Servieren in den Kühlschrank legen.
3 Das Poulet portionieren.
Tipp Mit Zitrusfrüchten und Blattsalat servieren.

Meeresfrüchte, Poulet/Hähnchen und Schinken. Als Dessert genießen sie Eiscreme oder Fruchtsalat. Das Essen wird von feinen örtlichen Weinen begleitet. Die Stimmung ist gehoben. Es ist Mitte Sommer; Weihnachten und die langen Sommerferien stehen bevor. Größere Geschenke werden unter einen künstlichen Weihnachtsbaum gelegt, der ein Jahr lang im Abstellraum untergebracht war. Jetzt ist er entstaubt und steht im Garten, ist dekoriert und blinkt wie ein Roboter durch die heißen Nächte. Nach dem Geschenkesegen gehen viele in eine kühle Kirche, um sich die Weihnachtspredigt anzuhören und Weihnachtslieder zu singen. Am Abend gibt es häufig eine große Party am Strand.

In Australien wie auch in Aotearoa/Neuseeland versammeln sich die Menschen an den Stränden oder in Parks, um bei Kerzenlicht Weihnachtslieder zu singen. Die Atmosphäre ist herzlich; und es entsteht ein Gefühl der Zusammengehörigkeit unter den vielen Nationalitäten. Oft wird auch Geld für Wohltätigkeitszwecke gesammelt.

In Queensland, Australien, ist während Jahren ein alter St. Nikolaus in einem roten 1959er Ford Thunderbird herumgefahren. Dieser erweckte mehr Aufmerksamkeit als ein Schlitten. Der Nikolaus fuhr Tausende von Kilometern zu den abgelegendsten Gegenden des Kontinents, um mit seinem speziell umgebauten und mit Känguruschutzstangen versehenen Wagen den Kindern eine Freude zu bereiten.

EIWEISSSCHAUM-GEBÄCK

für 6 Personen

6 Eiweiße von Freilandeiern
250 g Zucker
½ Vanilleschote, aufgeschnitten
½ dl/50 ml Wasser
2 TL Weißweinessig
30 g Maisstärke

1 Becher (1,8 dl/180 g) Rahm/süße Sahne
400 g gemischte Früchte, z. B. Erdbeeren, Blaubeeren, Kiwis

1 Backofen auf 160 °C vorheizen.
2 Das Eiweiß mit dem Zucker steif schlagen. Abgestreiftes Vanillemark, Essig und Wasser unterrühren, kurz weiterschlagen. Maisstärke unterziehen.
3 Die Eiweißmasse auf einem mit Backpapier belegten Backblech rund ausstreichen, dabei einen Rand formen (siehe Bild).
4 Backblech in der Mitte in den Ofen schieben, Eiweißschaumgebäck bei 160 °C 15 Minuten backen. Ofen ausschalten, das Schaumgebäck im geschlossenen Ofen 2 Stunden trocknen lassen.
5 Das Gebäck auf eine Platte legen. Mit dem geschlagenen Rahm füllen. Früchte darauf verteilen, sofort servieren.
Variante Die Eiweißmasse in sechs Portionen teilen, auf dem Backpapier kleine Rondellen mit Vertiefungen formen.

In Australien, Aotearoa/Neuseeland und anderen Ländern der Region hängen die Kinder ihre Strümpfe für die Geschenke des Weihnachtsmanns auf. Dies, weil Nikolaus nicht nur der Heilige der Kinder ist, sondern auch der Heilige der Schiffe. Einst bastelten die Kinder Papierschiffe und stellten sie für ihn an Heiligabend nach draußen. Später wurden sie durch Schuhe ersetzt, die eine Ähnlichkeit mit Schiffen haben … und von den Schuhen ist es nicht mehr weit zu den Strümpfen, die auch noch mehr zu fassen vermögen.

Auf den Fidschi-Inseln waren christliche Missionare seinerzeit sehr erfolgreich. Heute gehen auf den vielen hundert Inseln die Einwohner am Morgen des 25. Dezember zur Kirche und nehmen anschließend am traditionellen Weihnachtsessen teil – ein Ferkel, in einem Erdofen mit Farnen und Süßkartoffeln gebraten.

Die Mahlzeit wird in einem *Lovo*, einem Erdofen, zubereitet. Je nach Jahreszeit und Klima können auch Sie einen solchen Ofen bauen. Graben Sie ein Loch von 90 cm Durchmesser und 60 cm Tiefe. Mit Ästen und 20 bis 25 Holzscheiten entfachen Sie ein Feuer im Loch. Legen Sie etwa 50 orangengroße Steine ins Feuer und stellen Sie sicher, dass sie im Feuer bleiben. Wenn das Feuer erloschen ist, entfernen Sie das übriggebliebene Holz. Warme Steine können splittern, wenn sie zu heiß werden. Nun werden gespaltene Kokosnüsse oder Farnzweige über die heißen Steine gelegt. Das Essen wird in Bananen-, Kohl- oder Rhabarberblätter gewickelt. Als Ersatz für natürliche

FISCH IN KOKOSNUSSMILCH

für 6 Personen

1 kg Kabeljau oder anderer fest kochender Meeresfisch
einige Frühlingszwiebeln
1 rote Chilischote
4 dl/400 ml Kokosnussmilch
Salz
frisch gemahlener schwarzer Pfeffer

1 Den Fisch portionieren und in eine weite Pfanne legen.
2 Frühlingszwiebeln mit Röhrchen klein schneiden, Chilischote in feine Ringe schneiden, über die Fischstücke verteilen. Kokosnussmilch darüber gießen, erhitzen, Fisch bei schwacher Hitze zugedeckt etwa 10 Minuten garen, bis er weiß und fest ist. Mit Salz und Pfeffer würzen.
Tipp Mit Wasserreis und Limettenvierteln servieren.

Das Schmücken des Weihnachtsbaums auf Tahiti

Materialien kann auch ein Metallrost oder Alufolie verwendet werden. Wurzelgemüse ist ganz unten zu platzieren. Die Speisen werden mit zwei oder drei Schichten grünen Blättern sowie drei bis fünf feuchten Leinensäcken bedeckt. Die Bratzeit beträgt 2 bis 3 Stunden und hängt jeweils von der Menge ab, die gegart wird. Serviert wird das Essen auf Bananenblättern.

In Papua-Neuguinea gleicht die Weihnachtsfeier jener von Australien und Aotearoa/Neuseeland, außer bei Menschen, die in weniger zugänglichen Gebieten leben. Auf manchen Pazifik-Inseln vermischen sich traditionelle Weihnachtsbräuche und -mythen mit Überlieferungen der Einheimischen. Dies trifft jedoch nicht nur auf religiöse Praktiken zu; es haben auch Mythen über Kobolde und Elfen Eingang in die Maori-Kultur gefunden.

SPANFERKEL MIT FRUCHTSALAT

1 Ferkel, 4–5 kg

Marinade

1,2 dl/120 ml Sojasauce
50 g Vollrohrzucker
2 TL fein gehackter Knoblauch
2 TL Salz
frisch gemahlener schwarzer Pfeffer
½ dl/50 ml Öl

Fruchtsalat

16 Litschi, aus der Dose
4 Bananen
16 Kumquats
8 Feigen
1 frische Ananas
2 Karambole
2 Limetten, Saft

1 Zutaten für die Marinade gut verrühren. Ferkel innen und außen mit der Marinade einpinseln, im Kühlschrank 3 Stunden marinieren.
2 Backofen auf 180 °C vorheizen.
3 Schwanz und Ohren des Ferkels in Alufolie einpacken, damit sie beim Braten nicht verbrennen. Ferkel in einen großen Bräter legen, im Ofen bei 180 °C rund 90 Minuten braten. Alufolie entfernen und weitere 20 Minuten braten. Garprobe: Beim Einstechen einer Nadel sollte der austretende Saft klar sein. Vor dem Portionieren bei Zimmertemperatur 10 Minuten stehen lassen.
4 Geschälte Bananen zuerst quer, dann längs halbieren. Kumquats und Feigen mit Schale vierteln. Ananas schälen, die braunen Augen ausstechen, die Frucht längs halbieren, den Strunk in der Mitte großzügig entfernen, Karambole in Scheiben schneiden. Alle Früchte mit dem Limettensaft mischen.

Nordamerika

Für viele ist Weihnachten in den USA der Inbegriff für Genussexzesse und für kitschigen Materialismus. Weihnachtsparaden und elektrische Lichter sind äußerliche Anzeichen der amerikanischen Art, Weihnachten zu feiern. Der Hollywood-Boulevard ist mit tausenden von Weihnachtsbäumen und mit einer Überfülle von Weihnachtslichtern geschmückt. In glitzernden silbernen Kostümen zwischen großen offenen Umzugswagen, welche mit Blumen geschmückt sind, winken Filmstars der Menge zu.

A

Wie die Skandinavier, können auch die Kanadier nicht genug Beleuchtung während der Weihnachtszeit haben. An jeden vorstellbaren Ort hängen sie Glühbirnen. In manchen Vororten gibt es im Freien ebenso viele beleuchtete Weihnachtsbäume wie drinnen. Wenn die Dunkelheit anbricht und die Lichter eingeschaltet werden, wird die märchenhafte Atmosphäre durch den Schnee noch verstärkt.

Die Weihnachtsnacht ist eine Nacht voller Wunder. Nach einer alten Sage steigen dann die Toten aus den Gräbern und knien auf dem Friedhof vor dem Kreuz nieder. Dort wartet ein weiß gekleideter Priester, der das Weihnachtsevangelium liest. Wenn er fertig ist, erheben sich die Toten und schauen sehnsüchtig in die Richtung, wo sie geboren wurden, und kehren in den Sarg zurück.

In Alaska werden am 25. Dezember alte Lieder der Aleuten-Inseln gesungen. Danach werden zuckerglasierte Doughnuts und auch Plätzchen gereicht. Das Weihnachtsessen kann aus Fischpastete oder geräuchertem Lachs bestehen.

Afrikaner wurden zu Millionen als Sklaven nach Amerika gebracht. Manche ihrer Nachfahren feiern seit der Bürgerrechtsbewegung der Sechzigerjahre im Gedenken an ihr afrikanisches Kulturerbe *Kwanzaa*. Der Hauptfeiertag ist am 26. Dezember. Als Vorbereitung werden die Häuser in den *Kwanzaa-Farben* Schwarz, Grün und Rot dekoriert. In den folgenden sieben Nächten versammeln sich Familien und Freunde, um eine Kerze des siebenarmigen Kerzenhalters *(Kinara)* anzuzünden und aus dem Einheitskelch zu trinken. Jede Kerze symbolisiert eines von sieben Prinzipien, deren wichtigste Einheit, Selbstbestimmung und Glauben sind. Die Feier endet am 31. Dezember mit dem Öffnen der Geschenke.

In den vergangenen Jahrhunderten sind Immigranten in großer Zahl nach Amerika gekommen, um ihr Glück zu suchen, und sie haben ihre Religionen in das neue Land mitgebracht. Viele davon stammen aus West- und Nordeuropa, und so war und ist ihre Art, Weihnachten zu feiern häufig vom Protestantismus geprägt.

Mickymaus und seine Freunde defilieren in der Weihnachtsparade von Disneyland vorbei

Am 24. Dezember gehen viele Amerikaner zur Kirche, um an der Weihnachtsmesse teilzuhaben und ihre Lieblingsweihnachtslieder zu singen. Zu Hause überlassen die meisten jedoch das Singen lieber Bing Crosby auf einer CD, wo er für immer von einer weißen Weihnacht träumt.

Die Kinder werfen oft kurze Zeit vor Weihnachten ihre Wunschlisten in den offenen Kamin. So kann der Weihnachtsmann ihre Wünsche im Rauch lesen. Die Eltern schaffen es jedoch jeweils meistens noch, vorher einen kurzen Blick darauf zu werfen.

Selbst der Weihnachtsbaum sieht wie aus einer Disney-Weihnachtsshow aus; die Äste sind mit künstlichem Schnee besprüht und mit Schleifen, Ketten, Süßigkeiten, Plastikkugeln und Engelshaar geschmückt. Der Weihnachtsbaum selbst ist oft aus Plastik.

Ursprünglich hatten die Glaskugeln am Baum den Zweck, schlechte Geister vom Haus fern zu halten, und ihre Form erinnert uns an die perfekt runde Form der Paradiesäpfel.

Rund eine Woche vor Weihnachten wird die elektrische Beleuchtung eingeschaltet und sie bleibt es, bis Weihnachten vorbei ist.

ERDNUSSKROKANT

340 g Zucker
1,6 dl/160 ml Maisstarke- oder Glucosesirup
1,6 dl/160 ml Wasser
2 TL Butterstückchen
1 TL Zitronensaft
450 g ausgelöste geröstete Erdnüsse

1 Ein großes Backblech mit Backpapier belegen, das Papier einfetten.
2 Zucker, Sirup sowie Wasser in einem Gusseisentopf langsam kochen, die Hitze erhöhen und das Karamell auf 175 °C aufkochen. Den Brattopf von der Wärmequelle nehmen, Butter, Zitronensaft und Erdnüsse zufügen. Mit einem Holzlöffel rühren. Sobald die Masse glatt ist, diese gleichmäßig auf das eingefettete Backpapier verteilen. Mindestens 30 Minuten stehen lassen. Wenn die Masse fest genug ist, Krokant in Stücke brochen.
3 Krokant am besten frisch essen oder in Klarsichtfolie einwickeln und im Kühlschrank aufbewahren.

«Santa Claus» kommt von der amerikanischen Art, das holländische «Sinterklaas» auszusprechen. Denn es waren die Holländer, die ihren Weihnachtsmann im Jahr 1664 in das «Land Gottes» brachten und nebenbei die Stadt New Amsterdam gründeten – heute besser bekannt unter dem Namen New York.

Die Art und Weise, wie der heutige Weihnachtsmann dargestellt wird, stammt von einem amerikanischen Illustrator. 1860 zeichnete Thomas Nast den ersten Santa Claus in einem roten Kostüm mit weißem Pelz an den Rändern und einem breiten Ledergurt.

GEBACKENE POLENTA MIT PILZRAGOUT

Pilzragout

1½ TL natives Olivenöl extra
1 kleine Zwiebel
2 Knoblauchzehen
½ TL gehackte Rosmarinnadeln
400 g gemischte Pilze
½ TL Tomatenpüree
1 dl/100 ml Rotwein
Gemüsebrühe
1 TL Worcestersauce
Salz
frisch gemahlener Pfeffer

Polenta

7 dl/700 ml Wasser
½ EL natives Olivenöl extra
230 g grober Maisgrieß
1 EL Butter
120 g Parmesan
fein gehackte Petersilie

1 Zwiebel und Knoblauchzehen schälen und fein hacken. Pilze je nach Größe halbieren, vierteln oder in Streifen schneiden. Zwiebeln, Knoblauch und Rosmarin im Olivenöl andünsten, Pilze und Tomatenpüree zufügen und kräftig andünsten, den Rotwein angießen, einkochen lassen, wenig Gemüsebrühe unterrühren, bei schwacher Hitze etwa 10 Minuten kochen, mit Worcestersauce, Salz und Pfeffer abrunden.

2 Das Wasser mit dem Öl aufkochen, den Maisgrieß einrieseln lassen, unter gelegentlichem Rühren bei schwacher Hitze 15 Minuten kochen. Butter, Parmesan sowie Petersilie unterrühren. Maismasse auf einem mit Backpapier belegten Blechrücken 5 mm dick ausstreichen. Erkalten lassen. Sterne oder andere Formen ausstechen. Mit Olivenöl einpinseln.

3 Blech in der Mitte in den Ofen schieben. Polentasterne bei 200 °C 15 bis 20 Minuten backen.

4 Polentasterne mit dem Pilzragout anrichten.

Die Ballston Commons Mall in Arlington, Virginia. Das ist der Weihnachtsmann, den wir alle kennen – groß, freundlich und rot gekleidet

Das rote Kostüm erklärt sich wohl daraus, dass St. Nikolaus ursprünglich ein Bischof war und deshalb in der Regel in seinem roten Bischofsgewand dargestellt wurde. Auch ein weißer Bart gehört zu ihm.

Der rote Weihnachtsstern ist die Nationalblume von Mexiko. Ein Diplomat importierte den Weihnachtsstern von Mexiko in die USA, und von dort kam er nach Europa.

Eines der Lieblingsweihnachtsspiele heißt «musikalische Geschenke»: Man setzt sich in einen Kreis, während jemand Klavier spielt. Eine Person im Kreis bekommt ein kleines Päckchen, das von Hand zu Hand weitergereicht wird, während die Musik spielt. Ist das Stück zu Ende, so kann der Glückliche, der eben das Päckchen in der Hand hält, es als Geschenk behalten.

Washington D. C. am 22. Dezember 1961. Die amerikanische Präsidentenfamilie mit Jackie und John F. Kennedy veranstaltet ein Kinderweihnachtsfest

ORANGENSALAT MIT ROTEN ZWIEBELN

4 große Blondorangen
1 große rote Zwiebel
4 kleine Portionen Blattsalat

Salatsauce
1 EL Weißweinessig
2 EL Orangensaft
1 Msp Kreuzkümmelpulver
1 dl/100 ml natives Olivenöl extra
Salz
frisch gemahlener weißer Pfeffer
durchgepresste Knoblauchzehe

1 Orangen großzügig schälen, so dass auch alle weißen Teile entfernt werden. Die Früchte quer in Scheiben schneiden, den Saft auffangen. Die Kerne entfernen.
2 Die Zwiebel schälen und in möglichst feine Ringe schneiden.
3 Für die Sauce Weißweinessig, Orangensaft und Gewürze im Mixerglas mixen. Olivenöl im Strahl bei laufendem Mixer zufügen, mixen, bis die Sauce dickflüssig ist. Mit Salz und Pfeffer abschmecken, durchgepressten Knoblauch unterrühren.
4 Blattsalat auf Tellern anrichten, die Orangenscheiben darauf legen, mit den Zwiebelringen bestreuen und der Sauce beträufeln.

Alle Kinder in den Vereinigten Staaten wissen, dass Santa Claus während der Nacht des 24. Dezember auf seinem von zwölf Rentieren gezogenen Schlitten vorbeikommt. Er steigt durch den Schornstein ein, um die Strümpfe der braven Kinder mit tollen Dingen zu füllen. Aus diesem Grund hängen die Kinder ihre Strümpfe an den offenen Kamin und eilen zu Bett, auf dass es bald Morgen werde.

Am nächsten Morgen findet in aller Frühe eine buchstäbliche Geschenkorgie statt. Das Haus sieht wegen der vielen Gaben – die neuesten Spielsachen und Computerspiele – wie ein Supermarkt aus. Wenn alle ihre Geschenke geöffnet haben, wird der Tisch für ein riesiges Frühstück gedeckt, mit Pfannkuchen und Ahornsirup, Brot und Kuchen aller Art und Fruchtsaft. Das eigentliche Weihnachtsessen kann aus einem Schmaus aus Truthahn, Gans oder auch gebratenem Schinken bestehen. Zum Dessert gibt es Kürbiskuchen oder Kuchen mit einer Füllung aus Rosinen, Koriander und Äpfeln.

TOMATEN-LACHS-SALAT

3 reife Tomaten
500 g frischer Lachs

Sauce
1,2 dl/120 ml frisch gepresster Limettensaft
½ TL Salz
½ TL Zucker
einige Tropfen Tabascosauce
frisch gemahlener weißer Pfeffer

1 rote Zwiebel, in Ringen, oder
2 Schalotten/Frühlingszwiebeln, in Ringen
2 Limetten

1 Die Tomaten an der Spitze kreuzweise einschneiden, in einem Schaumlöffel in kochendes Wasser tauchen, bis sich die Haut löst, die Gemüsefrüchte unter kaltem Wasser abschrecken, schälen, den Stielansatz kreisförmig herausschneiden, Tomaten vierteln oder achteln und entkernen.

2 Den Lachs in sehr feine Scheiben schneiden, dazu ein scharfes Messer im spitzen Winkel zur Arbeitsfläche führen (so werden die Lachsscheiben größer).

3 Sauce zubereiten. Tomaten sowie Lachsscheiben zufügen, sorgfältig mischen. Die Schüssel mit Klarsichtfolie verschließen, 6 Stunden in den Kühlschrank stellen. Den Salat stündlich mischen.

4 Tomaten-Lachs-Salat mit wenig Sauce anrichten. Mit Zwiebel- oder Schalottenringen sowie Limettenschnitzen garnieren.

Zentral- und Südamerika

Der von den spanischen Kolonisatoren der iberischen Halbinsel eingeführte katholische Glaube ist die wichtigste offizielle Religion von Mittel- und Südamerika.

Wo immer sie auch hinkamen, bekehrten um 1500 die Spanier und Portugiesen die einheimischen Indianer zum Christentum, mit der Bibel in der einen und dem Schwert in der anderen Hand. Die von den Missionaren und den Soldaten angewendeten Bekehrungsmethoden waren oft brutal und kosteten tausenden von Einheimischen das Leben. Später wurden noch Millionen von Afrikanern in diese Region gebracht, damit sie als Sklaven das Land bebauten.

«Farolitos»: Papiertüten mit Kerzen darin werden während der Weihnachtszeit als Dekoration benutzt

Trotz gewaltsamer Einführung prägt die katholische Tradition noch heute das Weihnachtsfest. Zusätzlich verleihen die Bräuche der einheimischen Indianer den Feierlichkeiten eine besondere Note: Animistische Gottheiten werden angerufen, und jeden Abend in der Woche vor Weihnachten finden Umzüge und Feiern mit Kerzen und wunderschönen Papierlaternen statt. Auch die ärmsten Menschen in den *Favelas* und Barackenstädten tun ihr Bestes, trotz bescheidener Mittel den Kindern ein paar Geschenke zu machen.

Kakao und Kolonialismus sind eng verbunden. Die Legende sagt, der Gott *Quetzalcoatl* habe den Menschen den Kakaobaum geschenkt. Und doch wurde bis über 100 Jahre nach der Kolonisierung der Kakaohandel durch Spanien monopolisiert; es war das einzige europäische Land, wo Kakao getrunken wurde. Heutzutage ist Schokolade nicht nur zu Weihnachten eine wichtige Zutat.

In Mexiko werden im Dezember bei Beginn der Dämmerung Kerzen angezündet. Kleine handgemachte Lampen aus farbigem Papier, *Farolitos*, werden auf den Dächern und entlang der Straßen und Einfahrten aufgestellt. Auf den Friedhöfen werden kurz vor Mitternacht zu Ehren der Toten kleine Scheiterhaufen angezündet. Die Flammen lodern wie Fackeln in der finsteren Nacht.

POULETSCHENKEL AUF SCHOKOLADENSAUCE

4 Poulet-/Hähnchenschenkel
½ TL Salz
frisch gemahlener schwarzer Pfeffer
2 EL Bratbutter/Butterschmalz

Pikante Schokoladesauce
Je 2 getrocknete Chilis Ancho, Guajillo und Pasilla
1 Zwiebel, fein gehackt
4 Knoblauchzehen, grob gehackt
je 1 Prise Gewürznelken- und Korianderpulver
einige Anissamen
1 TL Zimtpulver
250 g reife Tomaten, geschält und grob gehackt
1 dl/100 ml kräftige Hühnerbrühe
50 g Rosinen
50 g geröstete Erdnüsse
70 g Zartbitter-Schokolade, grob gehackt
2 EL geröstete Sesamsamen zum Bestreuen

1 Getrocknete Chilis aufschlitzen, Stiel und Kerne entfernen, in kleine Stücke brechen. In der Pfanne oder im Ofen kurz erwärmen und im heißen Wasser etwa 10 Minuten quellen lassen.
2 Den Backofen auf 80 °C vorheizen, eine Platte und vier Teller warm stellen.
3 Pouletschenkel würzen, in der heißen Bratbutter auf beiden Seiten 5 Minuten braten, auf die vorgewärmte Platte legen, im Ofen etwa 25 Minuten gar ziehen lassen.
4 Für die Sauce die eingeweichten Chilis abtropfen lassen und grob hacken, mit Zwiebeln, Knoblauch und Gewürzen in der Fleischpfanne kräftig anbraten. Tomaten, Hühnerbrühe, Rosinen, Erdnüsse sowie Schokolade zugeben, 10 Minuten bei schwacher Hitze kochen. Die Sauce pürieren.
5 Mit der Schokoladensauce auf vorgewärmten Tellern einen Spiegel gießen, Pouletschenkel darauf anrichten, mit Sesam bestreuen.
Tipp Mit Weizentortillas servieren.

Am Tag vor Weihnachten füllen sich die Straßen mit Prozessionen, *La Posada* (Herberge oder Gasthaus) genannt. Diese *Posadas* sind Aufführungen über die Ankunft der heiligen Familie in Bethlehem. Da in der Herberge kein Platz war, blieb für sie nur ein Stall.

Bei den Mexikanern haben derartige Aufführungen eine lange Tradition, denn mit szenischen Darstellungen haben ihnen die Spanier die Geschichten der Bibel beigebracht. Die Darsteller der Prozessionen werden überall mit scharfen Gerichten, Fruchtbowlen und auch Süßigkeiten freundlich empfangen.

In den Häusern füllen die Darstellungen der Geburt Christi oder Krippen oft ein ganzes Zimmer. Idealerweise werden sie so aufgestellt, dass die Passanten sie von der Straße her bewundern können. Sie können eine ganze biblische Landschaft im Kleinformat zeigen: Etwa Wasserfälle aus Cellophan, Papierbäume und Kakteen, Kartonberge und Täler, Tiere und Menschen aus Ton, und das Ganze in theatralischer Beleuchtung.

Die Menschen versammeln sich zur Mitternachtsmesse, dann eilen sie nach Hause, um eine Maissuppe zu essen – Mais ist ein indianisches Symbol für Fruchtbarkeit. Sie lieben Truthahn, aber auch getrockneten Kabeljau (Stockfisch) oder ein scharf gewürztes Fleischgericht mit aus Rosmarin und Feigen zubereiteter Mole (Sauce) sowie Crevetten-/Garnelentörtchen, Kuchen und Süßigkeiten. Dazu trinken die Mexikaner eine Fruchtbowle oder Apfelwein. Die Kinder bekommen Geschenke, während Wunderkerzen winzig kleine Sterne in die Nacht schicken.

Am Dreikönigsabend backen die Mexikaner Brot in Form einer Königskrone mit einer Babyfigur darin. Wer das Baby bekommt, muss noch vor oder an Mariä Lichtmess, dem 2. Februar, ein großes Festessen veranstalten. So lange dauert die Weihnachtszeit in Mexiko.

Mexiko-City: Im Alameda-Park sitzt St. Nikolaus vor einem Wandteppich, der Jesus darstellt

Yukatan-Halbinsel, Mexiko: Eine Familie vor ihrem Haus mit Weihnachtsgerichten und -geschenken

Auf mancher der nördlichen karibischen Inseln, wie etwa den Bahamas, feiern die Menschen das Weihnachtsfest ähnlich wie in Nordamerika, drücken ihm aber ihren eigenen kulturellen Stempel auf.

Ein Vermächtnis aus der Zeit des Sklavenhandels ist das *Jonkanoo-Fest* auf Jamaika; es geht auf Ereignisse zurück, die sich einst in Afrika abgespielt haben sollen, und auf von dort mitgebrachten Umzugstraditionen.

In Trinidad und Tobago spielen Gruppen von Musikanten *(Parang)* mit Stahltrommeln, Tamburinen und Gitarren den Menschen in ihrem Quartier.

Ein bevorzugtes Weihnachtsessen ist Ziege oder Hähnchen, gewürzt mit Currypulver, dazu Reis und schwarze Bohnen, manchmal auch Schweinefleisch. In Trinidad gibt es *Pastelles*, ein mit Fleisch gefülltes Gebäck, das aus Spanien mit seinen arabischen kulinarischen Einflüssen stammt. Und danach gibt es einen üppigen schwarzen Kuchen, dessen Fruchtzutaten während einiger Wochen in karibischem Rum eingeweicht worden sind.

RUMKUCHEN

für eine rechteckige Form oder eine große Cakeform

100 g Butter
300 g Vollrohrzohzucker
2 Freilandeier, Eigelb und Eiweiß getrennt
100 g Rosinen
100 g Zartbitter-Schokolade
250 g Weizen- oder Dinkelweißmehl/Mehltype 405
2 TL phosphatfreies Backpulver
1 Prise Salz
½ TL Zimtpulver
1 dl/100 ml Buttermilch
3 EL Rum
geschälte Mandeln

1 Backofen auf 180 °C vorheizen. Die Form einfetten.
2 Die Schokolade zerbröckeln, in einer kleinen Schüssel über dem kochenden Wasserbad schmelzen.
3 Butter und Zucker zu einer dicklichen, luftigen Masse aufschlagen. Eigelbe, Rosinen und Schokolade unterrühren. Mehl, Backpulver, Salz und Zimt mischen, unter die Buttermasse ziehen. 3 Esslöffel Wasser, Buttermilch und Rum verrühren, unter die Kuchenmasse rühren. Die Eiweiße steif schlagen und unterziehen. Den Teig in die eingefettete Form füllen, glatt streichen. Mit den Mandeln garnieren.
4 Die Form in der Mitte in den Ofen schieben und bei 180 °C 50 bis 60 Minuten backen. Zum Abkühlen aus der Form nehmen.

Havanna, Kuba. Eine Familie auf einem Motorrad bringt ihren Weihnachtsbaum nach Hause

Auf manchen karibischen Inseln unterhalten das ganze Jahr hindurch Calypso- und Reggae-Rhythmen die Fahrgäste in den überfüllten Minibussen. Je nach kolonialer Vergangenheit der jeweiligen Insel wird Englisch, Französisch, Spanisch oder Mischungen davon mit Dialekt oder Kreolisch gesprochen.

Auf Barbados wird am 25. Dezember Fisch mit viel Curry, Pfeffer und einer scharfen Sauce mit Eiern zubereitet und gegessen. Die meisten Inselbewohner bevorzugen Fisch für Weihnachten, aber auch Poulet/ Hähnchen ist beliebt.

Nachdem Castro im Jahr 1959 in Kuba an die Macht kam, wurde gemäß den Richtlinien des atheistischen Marxismus Weihnachten viele Jahre lang im ganzen Lande ignoriert. Mit dem bevorstehenden Besuch des Papstes 1997 wurde das Fest wieder eingeführt, zusammen mit der Prozession der «Reyes Magos» (die Weisen aus dem Morgenland oder die Heiligen Drei Könige). Die Nahrungsmittel dieser Jahreszeit sind etwa gebratenes Schweinefleisch, schwarze Bohnen, Schinken, Mango-Bananen-Pudding, Rum und süßer Kaffee.

In den meisten südamerikanischen Ländern wird Weihnachten in schwüler Hitze gefeiert. Doch das verdirbt niemandem die Freude.

Häuser und Straßen werden wie auf der nördlichen Halbkugel mit Girlanden geschmückt, nur mit noch mehr Gold und Glimmer.

Remedios, Kuba: Der Höhepunkt der Weihnachtsfeierlichkeiten ist ein Feuerwerkwettbewerb, der seinen Ursprung in einem Streit zwischen zwei europäischen Familien der Stadt hat

1727 wurde in Brasilien der erste Kaffeebusch gepflanzt. Manche Menschen denken, Brasilien sei die Heimat des Kaffees, doch dieser stammt aus Äthiopien, wo er vermutlich im 13. Jahrhundert zum ersten Mal geröstet und aufgebrüht wurde. Von dort aus verbreitete er sich nach Konstantinopel und kam um 1580 nach Italien.

Nordeuropa erreichte der Kaffee nicht vor 1600; anfänglich konnte er nur in Apotheken gekauft werden. Um 1650 öffnete in Oxford das erste Kaffeehaus seine Türen. Als Kaffee und auch Tabak nach Europa gelangten, waren manche Leute misstrauisch und die Kaffeehäuser wurden am Anfang als Höhlen der Ausschweifung angesehen. Heute ist dies nicht mehr so: Nun enden selbst viele Kirchenfeste mit diesem Getränk, das einmal verpönt war.

In der Hauptstadt von Venezuela, Caracas, werden vor der Mitternachtsmesse an Heiligabend manche Straßen gesperrt. Einer alten Tradition entsprechend, binden sich die Kinder vor dem Zubettgehen ein Stück Schnur um den großen Zehen und hängen das andere Ende zum Fenster hinaus. Auf dem Heimweg von der Messe ziehen die Kirchgänger beim Vorbeigehen an den Schnüren.

BANANA RAMA

35 g Butter
100 g Vollrohrzucker
4 reife Bananen
1 Msp Zimtpulver
1 dl/100 ml weißer Rum
½ dl/50 ml Bananenlikör
½ l Vanilleeis

1 Den Zucker mit der Butter im Gusseisentopf langsam schmelzen. Die Bananen schälen und der Länge nach halbieren, nebeneinander in den Topf legen, mit der Zuckermasse überziehen, bei schwacher Hitze 3 Minuten köcheln lassen. Mit Zimt bestreuen. Die Temperatur erhöhen, Rum und Bananenlikör über die Bananen gießen. Den Topf von der Wärmequelle nehmen, den Alkohol mit einem Streichholz anzünden.

2 Bananen mit der Sauce anrichten, mit einer Kugel Vanilleeis garnieren. Sofort servieren.

In Kolumbien, wo seit über 30 Jahren ein Bürgerkrieg zwischen Drogenbanden, Milizen und Sicherheitskräften tobt, ist Weihnachten eine willkommene Abwechslung.

Die Feierlichkeiten beginnen bereits neun Tage vor dem großen Tag. Die Leute bauen zu Hause kleine Weihnachtskrippen und legen an Heiligabend eine Figur von *El Niño* (dem Christkind) in die Krippe.

El Niño ist der Name der zyklischen Warmwasserströmung, die immer wieder das Weltwetter durcheinander bringt; sie heißt so, weil die Strömung um die Weihnachtszeit an der südamerikanischen Pazifikküste ihren Anfang nimmt. Sie wurde zum ersten Mal von peruanischen Fischern wahrgenommen.

«Frohe Weihnachten» heißt auf spanisch *«Feliz Navidad»*; das bedeutet «Glückliches Geburtsfest».

Ein typisches Essen dieser Region besteht etwa aus *Ajiaco*, Suppe mit Kartoffeln, Hähnchen, aus Maismehl und Käse zubereiteten *Buñuelos* und einer Getreidepastete *Natilla* als Dessert. Eines der Lieblingsgetränke ist *Sabajón*, das aus *Tequila* oder *Aguardiente*, Milch und Eiern hergestellt wird.

KARTOFFELSUPPE MIT POULETSTREIFEN

1 Poulet/Hähnchen, 1,2 kg
1,2 l Wasser
1 kleine Zwiebel, in Scheiben
1 Msp Kreuzkümmelpulver
1 Msp getrockneter Thymian
1/2 TL Salz
einige Umdrehungen weißer Pfeffer
2 mehlig kochende Kartoffeln
1 dl/100 g Rahm/süße Sahne
100 g Maiskörner (Glas/Dose)
2 EL Kapern
1 reife Avocado

1 Das Poulet halbieren, die beiden Hälften in je 4 Stücke portionieren, zusammen mit Wasser und Zwiebeln in einem großen Kochtopf aufkochen, würzen, bei schwacher Hitze rund 30 Minuten kochen, den Schaum abschöpfen. Die Kartoffeln schälen und würfeln, zur Suppe geben, köcheln lassen, bis sie gar sind.
2 Die Pouletstücke aus der Suppe nehmen, Haut und Knochen entfernen.
3 Kartoffelstücke in der Suppe mit einer Gabel zerdrücken. Rahm, Maiskörner und Pouletstücke zufügen, bei schwacher Hitze rund 8 Minuten kochen, abschmecken.
4 Die Suppe anrichten. Die Avocado schälen, halbieren und entsteinen, Fruchthälften in Spalten schneiden, zusammen mit den Kapern als Garnitur dazu geben.

In Argentinien war es bis vor wenigen Jahren üblich, am Dreikönigsabend, dem 6. Januar, Geschenke zu überreichen. Doch heute, unter dem Einfluss der wirtschaftlichen Dominanz der USA und des Westens, tauschen auch die Argentinier ihre Geschenke an Heiligabend.

Der starke Rückgang der Wirtschaft gegen Ende des Jahres 2001 hat manche Argentinier zu einer Einschränkung der Feierlichkeiten gezwungen.

Nach dem Weihnachtsessen am 24. Dezember begeben sich die jungen Argentinier nach draußen, um das Feuerwerk zu bestaunen. Die Kinder stellen die Stiefel des Weihnachtsmanns vor die Haustür, damit er sie anziehen und ein oder zwei Geschenke hinterlassen möge. In Argentinien besteht das Weihnachtsessen oft aus Schweinefleisch mit scharfer Sauce und Gemüse, dazu trinkt man Wein oder Apfelwein, zum Dessert gibt es Weihnachtskuchen mit Trockenfrüchten.

Etwa um zehn Uhr ist in Brasilien an Heiligabend Zeit für das Weihnachtsessen. Das Menü kann sich aus Schweinefilet mit gemischten Schalotten/Frühlingszwiebeln, Knoblauch und Bohnen oder einer amerikanisierteren Kombination bestehend aus Schinken, Truthahn und Nüssen zusammensetzen.

PIKANT-SÜSSER SALAT

200 g Maiskörner aus dem Glas, abgetropft
100 g grüne Bohnen
1 kleine Ananas
½ dl/50 ml Wasser
2–3 EL Zucker
2 Karotten
6 Feigen, geviortelt

1,2 dl/120 ml Mayonnaise
100 g grüne Erbsen
Salz
frisch gemahlener Pfeffer

1 Bei den Bohnen den Stielansatz entfernen, im Dampf weich garen, je nach Dicke und Frische dauert dies 15 bis 20 Minuten, die Bohnen unter kaltem Wasser abschrecken.
2 Die grünen Erbsen im Dampf etwa 5 Minuten garen und dann unter kaltem Wasser abschrecken.
3 Stiel- sowie Blütenansatz der Ananas wegschneiden, die Frucht auf die Arbeitsfläche stellen und schälen, braune Stellen mit einem spitzen Messer entfernen, Frucht längs halbieren und den harten Strunk entfernen, Hälften in mundgerechte Stücke schneiden. Die Ananasstückchen mit Wasser sowie Zucker aufkochen, bei schwacher Hitze 3 bis 4 Minuten köcheln, auskühlen lassen.
4 Karotten schälen, mit dem Sparschäler Streifen abziehen.
5 Maiskörner, Bohnen, Ananas mit Saft sowie Karotten mischen und anrichten. Mit den Feigen garnieren. Die Erbsen mit der Mayonnaise vermengen, abschmecken, separat servieren.

Straßenverkäufer in Cuzco, Peru, bieten Rosenholz und Weihrauch für die Krippen zu Hause feil

Alle sind in gehobener Stimmung. Zwischen den Gängen kommt der Weihnachtsmann, *Papai Noel*, mit Geschenken und Süßigkeiten für die Kinder. Ihm ist sehr heiß im Kostüm. Zuvor haben die Großeltern oder Eltern den Kindern schon eine wunderbare Überraschung bereitet. Einem Brauch aus Südbrasilien folgend, dekorieren sie einen Weihnachtsbaum mit Schokolade oder Münzen und geben den Kindern anschließend einen Beutel und lassen sie den Baum plündern.

Um Mitternacht versammelt man sich in einer der barocken Kirchen aus der Kolonialzeit zur *La Misa del Gallo* oder «Hahnenmesse». Sie wird so genannt, weil der Hahn den neuen Tag ankündigt und die Messe in der Regel nicht vor ein Uhr morgens zu Ende ist.

Brasiliens Krippen sind alles andere als langweilig. Oft sind sie übergroß und sehr kunstvoll gestaltet

SCHWEINEFILET MIT BRAUNEN BOHNEN

für 6 Personen

Tempero
3–4 Schalotten/Frühlingszwiebeln
3 Knoblauchzehen
2 TL feines Salz

100 g geräucherter Speck
100 g geräucherte Wurst
1 EL Butter
250 g gekochte kleine braune Bohnen
1 Lorbeerblatt
4 Schalotten
½ dl/50 ml Wasser
750 g Schweinefilet
½ Zitrone, Saft
1½ EL Worcestersauce
1 EL flüssige Butter

1 Für das Tempero Schalotten sowie Knoblauchzehen schälen und grob hacken, mit dem Salz pürieren.
2 Speck und Wurst in feine Scheiben schneiden. Schalotten schälen und zerkleinern.
3 Butter mit einem Esslöffel Tempero in einem Brattopf erhitzen, Speck- und Wurstscheiben beidseitig kurz braten, braune Bohnen, Lorbeerblatt, Schalotten und Wasser zufügen, bei schwacher Hitze 30 Minuten kochen.
4 Backofen auf 225 °C vorheizen.
5 Das Schweinefilet mit einer Gabel leicht einstechen, in eine Gratinform legen. Einen Esslöffel Tempero mit Zitronensaft, Worcestersauce und flüssiger Butter verrühren, Fleisch damit einpinseln. In der Mitte in den Ofen schieben und bei 225 °C 10 Minuten braten. Temperatur auf 190 °C zurückschalten, weitere 20 Minuten braten. Filet in Alufolie einwickeln, vor dem Anschneiden bei Zimmertemperatur 10 Minuten ruhen lassen.

Zum Weihnachtsfest gehört auch die Krippe oder *Presépio*. Das Wort stammt aus dem lateinischen «*Praesaepe*», Gehege, was zu *Praesepium* wurde und heute «die Krippe, in der Jesus lag», bedeutet. Diese Krippen sind in Brasilien ein Statussymbol, viele Leute geben ein Vermögen dafür aus. Sie wetteifern um die größte und schönste Krippe. Nichts bleibt unversucht, um die anderen an Größe, Detailreichtum und Pracht der Beleuchtung zu übertreffen.

Mit kochend heißem Kakao und einem üppigen Frühstück startet man in Bolivien in den Weihnachtsmorgen. Dazu wird Mandelkuchen und Omeletts mit Honig gegessen.

KOKOSNUSSKÜCHLEIN

2 EL weiche Butter
100 g Zucker
4 Eigelbe von Freilandeiern
1 Eiweiß
1 EL Orangenblütenwasser
1 Msp Gewürznelkenpulver
1 Msp Zimtpulver
100 g Dinkel- oder Weizenweißmehl/Mehltype 405
1 TL Backpulver
2 dl/200 ml frisch geriebene Kokusnuss

1 Weiche Butter, Zucker, Eigelbe, Eiweiß, Orangenblütenwasser sowie Gewürze mit dem Schneebesen zu einer luftigen Masse aufschlagen. Mehl, Backpulver und geriebenes Kokosnussfleisch mischen und unter die Eimasse rühren.
2 Backofen auf 180 °C vorheizen.
3 Teig in gut eingefettete Portionenförmchen füllen, in der Mitte in den Ofen schieben und bei 180 °C 12 bis15 Minuten backen.

La Paz, Bolivien: Die lokal ansässige katholische Radiostation verteilt 50'000 Geschenke: Spielzeuge und Süßigkeiten, die den Kindern eine Riesenfreude bereiten

In Chile beginnt Weihnachten mit der Mitternachtsmesse in der Nacht vom 24. auf den 25. Dezember, wenn Weihnachtslieder durch die Nacht erklingen. Danach gehen die Menschen nach Hause, um das Weihnachtsmahl zu genießen. Es gibt kein bestimmtes Gericht als Festessen. Man isst, was man mag oder was man hat – Truthahn, Poulet/Hähnchen, Salat, Reis, Suppe und Gemüse.

Ein besonderes Getränk, *Rompón* genannt, ist beliebt. Es handelt sich um einen aus Milch, Eiern und Alkohol hergestellten Likör. Ein anderer beliebter Drink ist Cola de mono mit Kaffeegeschmack. Beide Getränke eignen sich gut zum Weihnachtskuchen, den die Chilenen mit getrockneten Früchten backen. Nach Mitternacht sitzen sie um den Weihnachtsbaum und tauschen Geschenke aus. Vielleicht werden die Kinder mit etwas beschenkt, was sie am nächsten Tag ausprobieren können, denn dann gehen viele Leute an den Strand, um zu schwimmen und die freie Naturzu genießen.

WÜRZIGER MILCHDRINK

1 l Milch
2 Nelken
½ Stange Zimt
½ Vanilleschote, aufgeschnitten
4 TL gefriergetrockneter Kaffee
2 kleine Eigelbe von Freilandeiern
60 g Zucker
2½ dl/250 ml Pisco (chilenischer Tresterschnaps) oder Wodka
1 unbehandelte Zitrone, wenig abgeriebene Schale

1 Milch mit Gewürzen aufkochen, unter Rühren 2 Minuten kochen, die Pfanne von der Wärmequelle nehmen, Kaffee in der Milch auflösen. Nelken und Zimt entfernen, das Vanillemark abstreifen und zur Milch geben.

2 Eigelbe mit dem Zucker luftig aufschlagen, die heiße Milch nach und nach unterrühren, in die Pfanne zurückgeben und unter Rühren vor den Kochpunkt bringen, nicht kochen! Unter zeitweiligem Rühren auskühlen lassen.

3 Pisco oder Wodka unter die Milch rühren. Kühl stellen.

4 Den Drink in Gläser füllen, mit etwas Zitronenschalen garnieren.

Eine Riesenauswahl an Engeln und Christkindpuppen

Quetzalan, Puebla, Mexiko.
Farbenfrohe Weihnachtsprozession in
den Straßen der Großstadt

Helvetas engagiert sich für wirtschaftlich und sozial benachteiligte Bevölkerungsgruppen in Afrika, Asien und Lateinamerika und fördert die Selbsthilfe direkt vor Ort. Die Befriedigung der menschlichen Grundbedürfnisse sicherzustellen und die Entfaltung der persönlichen Fähigkeiten zu ermöglichen, ist Ziel der Entwicklungsarbeit von Helvetas.

1955 wurde Helvetas als erste private Organisation für Entwicklungszusammenarbeit der Schweiz gegründet.

Helvetas ist ein parteipolitisch und konfessionell unabhängiger Verein, der von 33'000 Mitgliedern getragen wird. In gegen 20 Partnerländern treiben rund vierhundert einheimische und fünfzig Schweizer Mitarbeiterinnen und Mitarbeiter die verschiedenen Projekte voran. Die Entwicklungsarbeit konzentriert sich auf die Arbeitsbereiche «Infrastruktur im ländlichen Raum», «nachhaltige Nutzung natürlicher Ressourcen» sowie «Bildung und Kultur».

In der Schweiz zählt Helvetas rund fünfundvierzig Mitarbeiter und Mitarbeiterinnen. Die Geschäftsstelle in Zürich setzt sich gemeinsam mit ihren Zweigstellen in Lausanne und Balerna und mit tatkräftiger Unterstützung der Regionalgruppen dafür ein, dass die Schweizer Bevölkerung eine solidarische Entwicklung mitträgt. Mit dem Vertrieb von Fair-Trade-Produkten fördert Helvetas den gerechten Handel.

◂ helvetas ▸

Schweizer Gesellschaft für internationale Zusammenarbeit
St. Moritzstrasse 15, CH-8042 Zürich,
Telefon 01 368 65 00, Fax 01 368 65 80,
Bestelltelefon 01 368 65 65,
E-Mail helvetas@helvetas.ch, Homepage www.helvetas.ch,
FairShop www.helvetas.biz